JN091386

ことばの力

キリスト教史・神学・スピリチュアリティ

関西学院大学キリスト教と文化研究センター[編]

キリスト新聞社

まえがき

　近年、インターネットや SNS の発達によって、人々のコミュニケーションが迅速かつ便利になった半面、そこで用いられる「ことば」の希薄化や表層化が指摘され、意思疎通における様々な問題が顕在化しています。このような時代に、人々が互いを理解し合うための言葉、閉塞感のなかで希望を共有できる言葉を見出すことが、大きな課題になっていると言えるでしょう。

　キリスト教は、聖書を正典とする「ことばの宗教」です。その前身となるユダヤ教では「ことば」（ダーバール）は単なる記号ではなく、できごとを起こす動的な力として理解されますが、キリスト教はその思想を継承しつつ、イエス・キリストを「神のことば」（ロゴス）として位置づけ、イエスの人格、教え、働き、死と復活に「神のことば」が決定的に啓示されたものととらえてきました。

　このように、本質的に「ことばの宗教」であるキリスト教において、「神のことば」「神に関わることば」はどのように理解されてきたのでしょうか。それらの言葉は、どのような文脈でどう語られたり記されたりしてきたのでしょうか。また、そのような言葉は礼拝・典礼という集会、文書、人々のコミュニケーションなどにおいて、どのような役割を果たし、どのような影響を与えてきたのでしょうか。

　本書に収められた論考はいずれも、これらの問いについて学際的共同研究を行なうために関西学院大学キリスト教と文化研究センター（略称「RCC」）に設置された研究プロジェクト「ことばの力──キリスト教の視点から」の研究会での報告に基づくものです。このプロジェクトは、現代における「ことばをめぐる諸問題」に、キリスト教の視点から、またキリスト教との隣接領域の知見から、何を発信できるか探ることを目的として、2019 年度から 2022 年度の 4年間継続されました。

　具体的には、教父学、教義学、礼拝・典礼学、説教学などキリスト教神学からのアプローチ、中世キリスト教史に関するより歴史学的なアプローチ、コミュニケーション・メディア・翻訳に関する社会学的アプローチ、スピリチュアリティをめぐる宗教学的アプローチ、日本古来の宗教へのキリスト教の影響に関する民俗学的アプローチなど、種々の専門的方法に基づいて、「ことば」という共通テーマについて意義深い研究報告が行われ、活発で刺激的な議論が交わされました。何らかの理由から、今回ここに論考を発表していないメンバーもいますが、いつか公になることを期待します。

　RCC は、「総合大学における学問分野を横断するキリスト教研究の推進」を目的として設立され、今年度で創立 25 周年を迎えました。このような RCC の設立目的に適うものとして、本研究プロジェクトまたその成果としての本書は意義を有すると考えられます。本書が、現代社会における「ことばの力」の回復のために何らかのヒントを供するものとなり、さらなる議論が展開されるための端緒になることを心から願います。

2023 年 3 月
RCC 研究プロジェクト「ことばの力──キリスト教の視点から」代表
打樋 啓史

目次

新約聖書を語りなおす
——塚本虎二による口語訳プロジェクト——

赤江 達也

「ああ幸いだ、神に寄りすがる〝貧しい人たち〟、

　天の国はその人たちのものとなるのだから。

ああ幸いだ、〝悲しんでいる人たち〟、

　かの日に〝慰めていただく〟のはその人たちだから。

ああ幸いだ、〝踏みつけられてじっと我慢している人たち〟、

　〝約束の地なる御国を相続する〟のはその人たちだから。

マタイ福音書 5:3-5

塚本虎二訳『新約聖書 福音書』（岩波文庫、1963 年）77

1. 岩波文庫の福音書——日本社会と聖書のことば

　キリスト教は、聖書ということばの宗教である[1]。その中心には、上に掲げた「山上の説教」（山上の垂訓）をはじめとするイエスのことばがある。近代日本の知識人のなかには、キリスト教徒ではなくても、イエスについて知るために新約聖書を読んだという人は少なくない。

　教会に通っているわけではないが、教養として聖書を読んでおきたい。——そのような人が、手軽に入手しやすい聖書のひとつが、

---

[1]　鈴木範久は、キリスト教を「聖書すなわちイエス・キリストの言葉・教えを中心とした宗教文化」、日本キリスト教史を「日本における聖書の思想の、広義の文化史的展開」と捉えている。鈴木範久『日本キリスト教史』（教文館、2017 年）6。

岩波文庫の『新約聖書 福音書』である[2]。この本は 2021 年時点で 70 刷であり、いまでも毎年のように増刷されている。

その表紙には、次の紹介文が記されている[3]。

> 新約聖書の冒頭におかれた四福音書はイエス・キリストの言行を記録し、これを「喜ばしきおとずれ、吉報」として告げ知らせたもの。本文庫版はその口語訳の実現に半生をささげた訳者が、教会の伝統にとらわれることなく、あくまでも学問的な立場にたって正確さと分かりやすさのために細心の工夫をこらした画期的な個人訳聖書である。

ここには福音書と翻訳者が紹介されている。キリスト教の聖書は旧約と新約に大別される。旧約聖書はユダヤ教から引き継がれた文書群で、新約聖書はイエス以後に成立した文書群である。新約聖書の冒頭には「福音書」と呼ばれるイエス伝（言行録）が 4 つある。

福音は「よい知らせ」を意味している。

翻訳者は塚本虎二（1885-1973）。「口語訳の実現に半生をささげた訳者」が「教会の伝統にとらわれることなく」「学問的な立場にたって」翻訳した「画期的な個人訳聖書」とされる。教会の伝統にとらわれないという箇所は、塚本が無教会主義者であることを示唆している。

塚本訳はたしかに「画期的な個人訳聖書」であり、現在でも広く読まれている。だが、

塚本虎二訳『新約聖書 福音書』
（岩波文庫）

---

2 岩波文庫の聖書としては、塚本虎二訳の新約 2 冊のほか、関根正雄訳の旧約 9 冊（11 分冊）、文語訳聖書（新約全 1 冊、旧約全 4 冊）がある。塚本訳聖書は 2010 年代に次の三つの合本が刊行されている。塚本虎二訳新約聖書刊行会編『塚本虎二訳 新約聖書』（新教出版社、2011 年）、塚本虎二訳『新約聖書 試訳』（聖書知識社、2014 年）、塚本虎二訳『口語 新約聖書』（聖書知識社、2016 年）。
3 岩波文庫の色刷りのカヴァーは 1983 年から順次つけられており、カヴァーの紹介文もそれ以降のものである。

にもかかわらず、塚本虎二はほとんど忘れられた人物である。もちろん聖書翻訳者としては知られているが、塚本にかんする研究は少なく、学術的な伝記も存在しない[4]。

　塚本虎二による新約聖書の「口語訳」とはいかなるプロジェクトだったのか。それは 20 世紀の日本社会においてどのような位置を占めており、なにを目指していたのか。こうした問いを検討しながら、聖書翻訳とことばの力について考えてみたい。

2. 20 世紀日本の聖書学における「無教会の時代」

無教会キリスト教の継承──内村鑑三から塚本虎二へ

　無教会とは、著述家の内村鑑三（1861-1930）が 20 世紀初め頃に開始したプロテスタント・キリスト教の宗教思想運動である[5]。内村は 1900 年に個人雑誌『聖書之研究』を創刊、家庭集会で聖書講義を開始する。内村は既成の教団から距離をとり、雑誌と集会を拠点に伝道を行った。内村は「信仰のみ」というプロテスタンティズムを徹底するならば「教会」には組織や制度は不要として「無教会主義」を掲げた。その信徒たちは「無教会主義者」「無教会キリスト者」等と呼ばれる。

4　塚本虎二の研究は主に無教会研究で展開されてきた。関根正雄・前田護郎・斎藤茂編『聖書とその周辺』（伊藤節書房、1959 年）、無教会史研究会編『無教会史Ｉ・Ⅱ・Ⅲ・Ⅳ』（新教出版社、1991・1993・1995・2002 年）。塚本の聖書翻訳については、すぐ後でみる藤原藤男と田川建三のほか、鈴木範久、土屋博が重要である。鈴木範久『聖書の日本語』（岩波書店、2006 年）、土屋博『教典になった宗教』（北海道大学図書刊行会、2002 年）、土屋博『宗教文化論の地平』（北海道大学出版会、2013 年）。最近の研究としては、赤江達也「無教会キリスト教における融和の思想」『史潮』第 82 号（2017 年 12 月）、赤江達也「無教会キリスト者の「戦争」」戦争社会学研究会編『戦争社会学研究 3』（みずき書林、2019 年）、赤江達也「塚本虎二から考える」『内村鑑三研究』第 53 号（2020 年 4 月）、渡部和隆「塚本虎二の『ヘブル書講義』における無教会主義の基礎とその修錬」『宗教と倫理』第 21 号（2021 年 12 月）などがある。

5　赤江達也『「紙上の教会」と日本近代──無教会キリスト教の歴史社会学』（岩波書店、2013 年）、赤江達也「無教会」『キリスト教文化事典』（丸善出版、2022 年）などを参照。

　内村の門下には青年求道者が集まり、いくつものサークルを結成した。もっともよく知られる柏会は、一高生と東京帝大生からなる教養主義者の集まりであったが、次第にキリスト者がうまれ、数名が伝道者となる。その一人が塚本虎二である。塚本は福岡県出身で、一高入学時に上京し、内村の著作に出会う。帝大時代に三四郎池での回心体験を経て、1909 年に内村の聖書研究会と柏会に参加する。

　1911 年、塚本は農商務省の官僚となるが、1919 年に官を辞し、在野の聖書学者となる。関東大震災で妻を失った後、六年間、内村鑑三の助手を務めた。内村から独立すると、1930 年に雑誌『聖書知識』を創刊、東京・丸の内の東京海上ビルで聖書研究会を主宰した。塚本の丸の内集会は無教会最大であり、大阪の黒崎幸吉とともに無教会を代表する伝道者とみなされた。

　内村よりも過激な無教会主義者であった塚本は、『聖書知識』の表紙に「教会の外に救いあり」を意味するラテン語の標語（EXTRA ECCLESIAM SALUS）を掲げ[6]、戦時下も刊行しつづけた。官僚出身の塚本は官界や皇室の情報にも通じていた。敗戦後には李王に二年ほど毎月聖書の講義を行い、1948 年には天皇・皇后に進講している[7]。そして、1960 年に病を得るまで、聖書講義と雑誌刊行をつづけた[8]。

　塚本虎二のライフワークが、新約聖書の翻訳である。塚本は『聖書知識』のメイン・コンテンツであったイエス伝研究と並

6　『聖書知識』表紙の標語――「EXTRA ECCLESIAM SALUS」「教会の外に救いあり」――の表記は時期によって変遷があり、1930 年の創刊当初はラテン語のみ、1932 年 10 月から日本語が併記され、1937 年 12 月からは日本語のみとなっている。

7　斎藤茂「塚本先生のはたらき」関根正雄・前田護郎・斎藤茂編『聖書とその周辺』（伊藤節書房、1959 年）311。

8　『聖書知識』は山下次郎らの協力で 1963 年 6 月まで刊行され、塚本没後の 1973 年に終刊号が刊行された。『聖書知識』の休刊以後、塚本集会出身者によって発行された雑誌として『聖書読者』、『新創造』、『聖書愛読』などがある（〔署名なし〕「四〇二月」『聖書知識』終刊号（1973 年 12 月）27）。

行して、新約聖書の試訳連載を 1931 年に開始し、1944 年に訳し終えている。そして敗戦後も改訳の努力をつづけ、1953 年以降、分冊を順次刊行していく。さらに読者の要望に応えて『福音書』の合本を 1962 年に刊行し、翌 63 年に岩波文庫に収められるのである。

塚本訳の評価——藤原藤男と田川建三

塚本訳の評価には幅があるが、その両極として藤原藤男『聖書の和訳と文体論』（1974 年）と田川建三『書物としての新約聖書』（1997 年）をみておこう。

藤原藤男は「聖書口語訳の歴史に、塚本訳を逸することはできない」と述べて、「山上の説教」冒頭部（以下の引用では「九福」）における「ああ幸いだ」という訳を高く評価する。

> ところで、しかしこの塚本訳における九福語頭の「ああ幸いだ」は実によい。筆者自身もさんざん考えたあげく、「マカリオイ」が五音だから、これをそのまま「さいわいだ」と五音に移して一安心したことがあるが、どうも力がない。「ああ幸いだ」には気がつかなかった。これには、力強いひびきがある。原語にはもちろん感嘆詞の「ああ」はないが、「マカリオイ」の力強いひびきは、こうするよりほかにないように思う。なあんだ、それくらいのことと言う人があるかも知れないが、これはコロンブスの卵で、この簡単なことにだれも今まで気がつかなかったのだ。大げさに言えば、この訳語一つのためにだけでも、何十年かかったのである[9]。

藤原は自訳の「さいわいだ」に比べ、塚本訳の「ああ幸いだ」に「力強いひびき」を認め、「コロンブスの卵」として賞賛している。ただし、塚本の訳は定着したわけではなく、それが「本当に和訳されるために」は日本語の進歩と天才の出現が必要であるとも述べている。

9　藤原藤男『聖書の和訳と文体論』（キリスト新聞社、1974 年）205。

　それに対して、田川建三は塚本訳の福音書を「推薦できない」として、3つの理由をあげる。

　　まず、そもそも水準として高くない。とても関根〔正雄〕訳とは比較にならない。次に、印刷に関する良心的な努力がかえってあだになって、読みにくい。〔……〕第三に、訳文が親しめない。日本語としてかなり水準の高い大人の文章が出て来るかと思うと、ほとんど幼稚園の日本語みたいなのが出て来る。やさしい日本語にしようと努力なさった結果だろうが、それとこれとは別問題である[10]。

　塚本訳の問題として、田川は学問的水準の低さ、印刷上の工夫から生じる読みにくさ、訳文の日本語の水準の振れ幅を指摘する。こうした評価はおそらく、日本の聖書学の歴史における塚本虎二と田川建三の位置のちがいと対応している。この点について田川の評価をもうすこしみてみよう。

聖書学の専門化と塚本虎二の位置

　田川建三は塚本訳の福音書には批判的であるが、塚本訳の使徒行伝[11] は肯定的に評価している。また、同じく無教会の聖書学者である関根正雄、中沢洽樹（こうき）を挙げて、無教会の翻訳を高く評価している。無教会は「日本のすべてのクリスチャンの中で最も聖書の研究に熱心」であり、「信者に学者が多かったせいで、その研究は批判的学問的に高い水準になった」というのである。

　　ある時期まで、日本で本当に学問的に聖書学をやっていたのは、ごく少数の例外を除いて、無教会の学者だけだったと言ってもよ

10　田川建三『書物としての新約聖書』（勁草書房、1997年）690。
11　塚本虎二訳『新約聖書 使徒のはたらき』（岩波文庫、1977年）。

いくらいである。教会系では、批判的学問ではなく、護教論をやっていたのである。この情勢からして、一九三〇年代ぐらいから一九六〇年代の末近くまでは、こと聖書の研究と言えば無教会、ということになったのも当然であった。その結果として、右の関根、中沢、塚本などの仕事が出て来たのである[12]。

田川によれば、1930年代から60年代にかけて日本の聖書学は「無教会の時代」であった。ほとんど無教会の学者だけが「本当に学問的に聖書学をやっていた」のであり、「無教会の人々が聖書の研究と翻訳の分野で果たした貢献は大きく評価されなければならない」。

田川は明確には述べていないが、「無教会の時代」の中心にいたのが、塚本虎二である。そのことは、無教会の代表的な聖書学者を並べてみると明らかである（表1）。

名前	生没年	分野	主な経歴	所属	出身集会
塚本虎二	1885-1973	新約聖書学	官僚、内村の助手	専業の独立伝道者（1930 雑誌創刊）	内村
黒崎幸吉	1886-1970	聖書学	住友、助手、留学	専業の独立伝道者（1926 雑誌創刊）	内村
関根正雄	1912-2000	旧約聖書学	ドイツ留学	東京教育大学文学部（1954 着任）	内村→塚本
前田護郎	1915-1980	新約聖書学	ドイツ留学	東京大学教養学部（1950 着任）	塚本
中沢洽樹	1915-1997	旧約聖書学	アメリカ留学	立教大学文学部（1954 着任）	矢内原・塚本

表1　無教会の聖書学者

これらの無教会聖書学者5人はいずれも東京帝国大学の卒業生（学士）である。生年をみると、塚本虎二・黒崎幸吉と、関根正雄・前田護郎・中沢洽樹は30歳ほど離れている。そこで2つのグループ

12　田川建三『書物としての新約聖書』（勁草書房、1997年）691。

に分けると、年下グループはみな、塚本に師事しており（出身集会）、博士号を取得している（関根正雄と前田護郎はドイツで、中沢洽樹は東京大学で）。そして、年上グループが大学の外で研究したのに対して、年下グループは大学を拠点に研究している（所属）。

　塚本虎二や黒崎幸吉は、1920年代頃から大学や神学校の外で聖書の研究を行っていた。かれらは研究会を組織し、複数の学術雑誌を編集・発行しながら、信徒たちに語学や聖書学を教え、後継世代を育成し、聖書学に関心をもつ読者層をつくりだした。たとえば、塚本は『聖書知識』のほかにも『舊約知識』や『新約知識』などの雑誌を発行したり、ギリシャ語対訳聖書や福音書異同一覧を刊行したりしている[13]。

　他方、関根正雄・前田護郎・中沢洽樹の研究の拠点は大学であった。かれらは1950年代前半以降、大学で西洋古典学や聖書学を担当した。それは日本の大学における聖書学の制度化、そして専門化と国際化の過程であった。1959年には、関根正雄から国際旧約学会雑誌Vetus Testamentum掲載論文の抜刷を受けとった塚本は、「日本の聖書学が世界の舞台で活動し始めたのは愉快である」と喜んでいる[14]。

　塚本虎二の後継世代が「大学の聖書学」を形成し、そこからさらに荒井献や田川建三といった新世代が活躍しはじめると、「無教会の時代」は終わっていく。塚本虎二は「日本の聖書学」の先駆者であったが、「大学の聖書学」との対比のなかで、相対的に「素人的」な位置を与えられ、学問的評価から除外され、忘れられていく。

　だが、ここでの課題は、聖書学の専門的な評価基準だけでは捉えにくい塚本虎二の訳業の位置と意義を示すことである。

13　塚本虎二は協働者たちと雑誌『基督教愛國』『舊約知識』『新約知識』『キリスト教常識』を発行している。また、塚本虎二・鶴田雅二・長本三千藏共訳『希和逐語対訳マタイ傳』（新約知識社、1944年）、塚本虎二『福音書異同一覧』（羽田書店、1951年）などの書物を刊行している。

14　塚本虎二「雑感雑録〔4月7日〕」『聖書知識』第350号（1959年6月）25。

3. 無教会における聖書学の形成

内村鑑三と聖書研究

無教会と聖書学の結びつきは、内村鑑三にさかのぼる。

内村鑑三は『聖書之研究 THE BIBLICAL STUDY』（1900-30）と題する雑誌を 30 年間刊行し（1905 年 6 月から 1906 年 4 月は『新希望』と改称）、聖書研究会で聖書を講義した（説教ではなく講義や講演と呼んだ）。『THE BIBLICAL STUDY』という英文タイトルを、内村は 1880 年代のアメリカ留学中に考えている。この名称は聖書研究への強いこだわりと使命感を示している。

内村は日本の聖書研究の先駆者であった。内村はアメリカのアマースト大学で聖書を学ぶが、ハートフォード神学校は数ヶ月で退学している。その聖書や聖書学にかんする知識の多くを、内村は英語の書物を通して学んでいる。そして個人雑誌と聖書研究会を拠点に、教会の外で伝道し、学校の外で聖書を研究した[15]。内村はほとんど独学の独立研究者であり、その聖書研究はいわば民間学であった。

内村は聖書翻訳者でもある。英語の定訳であった欽定訳（Authorized Version, King James Version）が改訳され、「明治元訳」聖書の改訳を望む声が高まるなか、1905 年に警醒社書店がスポンサーとなって新約聖書の改訳が企画された（表2）[16]。相談会のメンバーは内村鑑三、植村正久、小崎弘道、柏井園。日本のキリスト教界を代表する 3 人に、新進の聖書学者・柏井である。警醒社書店は 3 年の期間を想定し、毎月 150 円を限度とした経費の負担を約束した。

この改訳事業では毎週一回、木曜日に会合をもった。だが、数ヶ

---

15 1906 年、内村の『聖書之研究』に、当時ニューヨークにいた左近義弼による羅馬書の翻訳が掲載されている。左近はその後、個人訳を次々と刊行した。海老澤有道『日本の聖書』（講談社学術文庫、1989 年）384。

16 表 2「聖書翻訳史 関連略年表」の作成にあたっては、とくに以下の文献を参照した。鈴木範久『聖書の日本語』（岩波書店、2006 年）、海老澤有道『日本の聖書』（講談社学術文庫、1989 年）、田川建三『書物としての新約聖書』（勁草書房、1997 年）、寺澤盾『聖書でたどる英語の歴史』（大修館書店、2013 年）。

西暦	和暦	日本語聖書	英語聖書
		文語訳（明治元訳）の時代（1880-1900 年代）	欽定訳の時代
1879	明治 12	聖書翻訳委員会　新約聖書　訳了	1611『ジェームズ王聖書』KJV
1880	明治 13	聖書翻訳委員会『新約聖書』	英国　別名『欽定訳聖書』AV
1887	明治 20	聖書翻訳常置委員会　旧約聖書　訳了	1881-85『改訂訳聖書』RV
1888	明治 21	聖書翻訳常置委員会『旧新約聖書』	英国　KJV の改訂版
		文語訳（大正改訳）の時代（1910 年代）	1901『アメリカ標準訳聖書』ASV
1905	明治 38	警醒社書店　改訳事業（植村正久、内村鑑三、小崎弘道、柏井園）→中止	米国　KJV の改訂版
1917	大正 6	改訳委員会『改訳 新約聖書』（大正改訳）	
1921	大正 10	文語訳聖書　1887 年の明治元訳（旧約）＋1917 年の大正改訳（新約）	
		大正改訳にもとづく点字新約聖書（全九巻）刊行（松本督）	
		個人訳の登場（1920-40 年代）	
1928	昭和 3	永井直治訳『新契約聖書』　そのほか、さまざまな個人訳が登場	
1931	昭和 6	塚本虎二　新約聖書試訳（口語訳）『聖書知識』連載開始（-1944 訳了）	
		口語訳の時代（1950-70 年代）	RSV の時代
1950	昭和 25	日本聖書協会　口語訳への改訳を決定	1946-52『改訂標準訳聖書』RSV
1952	昭和 27	渡瀬主一郎・武藤富雄訳『口語訳 新約聖書』キリスト新聞社	米国　ASV の改訂版 米国キリスト教会協議会　認可
1953	昭和 28	バルバロ訳『口語訳 新約聖書』（カトリック、サレジオ会士の個人訳）	
1953	昭和 28	塚本虎二訳『口語 新約聖書 第一分冊』聖書知識社（-1976 第六分冊）	
1954	昭和 29	日本聖書協会『口語 新約聖書』	
1955	昭和 30	日本聖書協会『旧約聖書 改訳』（口語訳）	
1956	昭和 31	関根正雄訳『旧約聖書 創世記』岩波文庫	
1958	昭和 33	フランシスコ会訳『創世記』（カトリック公認訳）（-2002 聖書全巻訳了）	1961『新英語聖書』NEB 英国　口語的で平明な訳
1962	昭和 37	塚本虎二訳『新約聖書 福音書』聖書知識社	
1963	昭和 38	塚本虎二訳『新約聖書 福音書』岩波文庫（1991 ワイド版）	1966-76『Good News Bible』TEV 米国　口語自由訳聖書
1965	昭和 40	新改訳聖書刊行会『新約聖書 新改訳』	
1970	昭和 45	新改訳刊行会『旧約聖書 新改訳』	1973-78『新国際版聖書』NIV
1977	昭和 52	塚本虎二訳『新約聖書 使徒のはたらき』岩波文庫	米国　やや文語的な訳
		共同訳の成立（1978 年）	
1978	昭和 53	日本聖書協会『新約聖書 共同訳』	
1983	昭和 58	前田護郎訳『新約聖書』中央公論社	NRSV の成立
1987	昭和 62	日本聖書協会『聖書 新共同訳』	1989『新改訂標準訳聖書』NRSV
1993	平成 5	関根正雄訳『旧約聖書』教文館（-1995/1997）	米国　RSV の改訂版

表 2　聖書翻訳史 関連略年表

月後に内村が辞退したことで、改訳会は瓦解する。鈴木範久は「幻の名訳」を、次のように評している。「もし、この四者による新約聖書の翻訳刊行が実現していたならば、おそらく投資に何倍もする結果をもたらし、後世に残る「名訳」となったにちがいない」[17]。

　内村は英語では欽定訳聖書、日本語では明治元訳を参照することが多く、大正改訳にも言及している。内村の著述では典拠が示されないことも多いのだが、1921-22 年に行われたロマ書講義では、内村にはめずらしく、ギリシャ語原文の検討や、英語の注解書の参照が目立つ[18]。

　そうした学術的配慮の多くは、『羅馬書の研究』の実質的共著者である助手の畔上賢造によるものである[19]。1920 年前後には、内村の近くで、塚本虎二、黒崎幸吉、藤井武、三谷隆正、南原繁、矢内原忠雄といった学士たちが本格的に活動しはじめている。これらの優秀弟子たちと競うように、内村もまた 19 世紀以降の文献学的な聖書学、いわゆる「高等批評」を批判しながら取り込んでいく。そして塚本虎二において、高等批評の受容とギリシャ語原典の研究が本格化する。

塚本虎二と聖書研究

　1911 年、大学卒業後に農商務省の官僚となった塚本は、仕事のかたわら、聖書の勉強をはじめる。その同志は、内村に紹介された青年・柴田鑛次である[20]。東京工業学校（後の東京工業大学）出身の柴田

17　鈴木範久『聖書の日本語』（岩波書店、2006 年）118。

18　『聖書之研究』に連載後に、内村鑑三『羅馬書の研究』（向山堂書房、1924 年）として刊行される。この講義については『内村鑑三全集 26』（岩波書店、1982 年）の解題を参照。

19　内村はスイスの新約学者フレデリック・ルイ・ゴデー〔ゴーデー、ゴオデー〕（Frédéric Louis Godet）の注解書英訳をよく参照しているが、畔上もゴデーの翻訳（英訳からの重訳）を『聖書之研究』に掲載し刊行している。ゴオデー、畔上賢造訳述『新約の五大問題』（警醒社書店、1920 年）。畔上賢造については、藤本正高編『独立伝道者畔上賢造』大空社、1996 年を参照。

20　塚本虎二「柴田鑛次のことども」『聖書知識』第 351 号（1959 年 7 月）9-10）。1920 年、

18

は「内村門下に類型の少ない、敬虔的クリスチャン・タイプ」で、「一高-東大系」の柏会とは異なる傾向をもっていた。その柴田と、塚本は親しく交流するようになる。

築地の農商務省の官僚である塚本と、丸の内の三菱街にある英国のボイラー会社（バブコック）の技師である柴田は、毎日のように銀座の教文館に行き、競うように洋書を買いあさった。「この二人を得意にすれば本屋が成り立つと、陰口をきく者もあったほどである」。柴田は「devotional（敬虔的）な注解書」を好み、塚本は「主として語学的、批評的のもの」を買った。

ふたりはギリシャ語の勉強にも本格的に取り組みはじめる。最初は聖公会の須貝止の下で学び、その後は毎週水曜日の夜に「アルファ会」という勉強会をもつようになる。メンバーは塚本と柴田、後に田中謙治が加わり、南原繁（当時は内務省）もしばらく参加した。お互いの家で、五、六年つづいた。このアルファ会を、塚本は後に主宰する「ギリシヤ語の組」の「有史以前」と呼んでいる。

1919年5月、聖書の研究に専念するために、塚本は農商務省を辞める。塚本の辞職は『東京朝日新聞』でも報道されている。その見出しは「実生活の不安から霊に目醒むる新日本／米問題に努力した塚本参事官を初め高等官が続々辞職し伝道師に」というもので、内村鑑三らが当時展開していた再臨運動の解説とともに、塚本のインタビューが掲載されている。

塚本は辞職と転身について、こう語っている。「まだ一度も、真裸体になつて真剣勝負をした事」がなく、「私の心は常に一種の空虚を以て占領されて居た」。ギリシャ語や聖書の研究のほうが「自分本来の仕事」に思われ「比較的真剣に働ける余地」を見出したために、「役人を辞めて宗教生活に入る事になつた」。将来、「伝道を

柴田鐡次と中田信蔵は夏期修養会の方針をめぐって内村と対立し、破門されている。争点の一つは聖書の高等批評家・渡辺善太の登壇に、柴田らが反対したことだった。柴田はその後「聖霊強調派の教団」に入り、注解書も破棄してしまう。だが、塚本訳の刊行時には、柴田は喜んで予約購入したという。

やると明瞭に目的を定めた訳でないが、教義の伝道は聖書研究の花であり研究中に自然に溢れ出るものと私は極めて淡泊した考へを持つて居る」[21]。

1921-22年頃には、日本基督教会（長老派の教団、旧日基）の指導者である植村正久（富士見町教会牧師）から神学校（東京神学社）の教師になるように何度か請われているが、塚本は固辞した[22]。植村と塚本を仲介したのは、塚本の妻である。1921年、塚本は英語学者斎藤秀三郎の娘園子と結婚する。園子と義母は富士見町教会の信徒であった。そのため、結婚式では内村が司式を務め、植村も臨席した。その縁で塚本は植村とともに講壇に立つことがあった。

1923年9月1日、妻園子が関東大震災で亡くなる。二人の幼い子供を抱えた塚本は、準備していたドイツ留学を取りやめ、内村鑑三の助手として働きはじめる。畔上賢造と塚本虎二という二人の助手は「左大臣」「右大臣」のように聖書講義や雑誌刊行といった内村の事業を支えた。

1925年9月には「ギリシヤ語聖書研究会」を開始する。塚本は内村門下の信徒たちにギリシヤ語原典で新約聖書を読むことを教え、またラテン語・ヘブライ語・聖書学などを教えた。塚本からギリシヤ語を学んだ人びとのなかには、先述の聖書学者のほか、大塚久雄（経済史）がいる。

この「ギリシヤ語の組」は塚本集会の大きな特色となる。敗戦直後には、塚本は「私達無教会クリスチヤンは原文で聖書を読む」と書いている。1950年代後半にも、丸の内集会の出席者300人あまりのうち、三分の一ちかくが「ギリシヤ語の組」で学んでいる[23]。

21 『東京朝日新聞』5面（1919年5月30日）。

22 塚本虎二「植村正久先生の思出」『聖書知識』第24号（1931年12月）24-25。

23 塚本虎二「ギリシヤ語朗話三つ」『聖書知識』第187号（1945年11月）1。塚本虎二「素人の原典聖書研究熱」『聖書知識』第310号（1956年2月）表紙2〔表紙裏〕。塚本虎二「聖書学者になるな」『聖書知識』第350号（1959年6月）1。

新約聖書「口語訳」の開始

　塚本は 1920 年代、次第に聖書翻訳を考えるようになる。関東大
震災直前に読んだマッギファート（Arthur Cushman McGiffert）のルー
テル伝に、「私の生涯の野心として、愛する日本人に、ルーテルが
その独逸人に為したると同一の尊き生甲斐ある仕事をなすことを許
し給はんことを」と書き込んでいる[24]。内村門下の友人・藤井武も、
塚本に会うたびに翻訳を勧めた。

　1926 年には、ついに内村からも聖書翻訳を提案される。文語訳（大
正改訳）は「文章が優美すぎて弱い」ので、明治元訳を台本に 2 年
ぐらいで訳すように、との指示であった。だが、マタイ福音書の一
章を訳してみせると、内村は曖昧に中止してしまう。内村と塚本で
は聖書翻訳の考えが明確に異なっていた。内村は「古典的渋みを持っ
た文語体」を理想としたが、塚本は「聖書の原語コイネ・ギリシヤ
語にならって」現代人の俗語としての口語訳をめざした。

　塚本は 1929 年秋に内村から独立して伝道を開始する。翌 30 年 1
月には雑誌『聖書知識』を創刊し、3 月に内村が亡くなる。その年、
塚本は聖書翻訳を決心する。そのときのことを、塚本は次のように
記している。

　　ある夜、「おやすみ」に来た数え年八つの娘にマタイ五・二一以下
　　を現行訳で読んで聞かせたところ、わからないと言うので、口語
　　に訳しながら読むと、よくわかると言った。このことが私に自信
　　を与えて、翌年の正月から私の個人雑誌『聖書知識』にガラテヤ
　　人への手紙を訳して載せた。時に数え年四十七歳。補助者は皆川
　　とし子。彼女は命がけで引き受けた[25]。

24　塚本虎二「あとがき——翻訳の決心」『新約聖書 福音書』（岩波文庫、1963 年）
　　413。
25　塚本虎二「あとがき——翻訳の決心」『新約聖書 福音書』（岩波文庫、1963 年）
　　414。

　こうして塚本は、1931 年 1 月から『聖書知識』誌上で新約聖書の「試訳」連載を開始する。このとき塚本は数え年で 47 歳。女子英学塾（津田英学塾）の英語教師であった皆川とし子が助手を務めた。塚本は皆川を新約聖書のギリシャ語に堪能な「語学的天才」と呼び、「福音書の異文に就て彼女ほどの知識をもつ者は多分我が国に多くあるまい」と称えている[26]。

4. 教会なき人のための聖書——塚本虎二による口語訳プロジェクト

戦前戦中の試訳、戦後の改訳、2010 年代

　塚本虎二の聖書翻訳事業は、3 つの時期に区分できる（表3）。

　第Ⅰ期は「戦前戦中の試訳」の雑誌連載である。1931 年 1 月（第13 号）から 1944 年 12 月（第 180 号）にかけて、塚本は『聖書知識』誌上で「試訳」を連載する。後でみるように、塚本は「口語敷衍訳」という独自の方針を採用し、それを「無教会訳」と呼んだ。

　この試みは 1944 年の 10 月に訳了、12 月に掲載が完了する。塚本は数え年で 60 歳、14 年にわたる大事業であった。これにより、「日本に於ける口語聖書完訳の草分けをしようという私の念願は達した」[27]。ただし、この連載は書籍としては長く刊行されなかった[28]。

　第Ⅱ期は「戦後の改訳」である。戦後に改訳をつづけていた塚本は、1953 年に『口語 新約聖書 第一分冊』を自らの聖書知識社から発行し、その後も順次刊行していく。その間、1960 年に塚本は病に倒れ、73 年に死去するが、改訳が完成していた第四分冊が 66 年、第五分

26　塚本虎二「皆川とし子を葬る辞」『聖書知識』第 160 号（1943 年 4 月）18-19。皆川とし子（1906-1943）は、塚本虎二の新約聖書翻訳や福音書異同一覧の実質的な共訳者・共著者であった。英語のほかドイツ語・ギリシャ語・ヘブライ語・ラテン語を学んで塚本の原稿作成を助けた。1936 年には津田英学塾を辞して聖書改訳や異同一覧に献身的に取り組むが、1943 年に病気で亡くなっている。

27　塚本虎二「口語訳の成るまで」『聖書知識』第 285 号（1954 年 1 月）8。

28　2014 年に、塚本虎二訳『新約聖書 試訳』（聖書知識社、2014 年）として刊行されている。

時期区分	西暦	和暦	事項	備考
第Ⅰ期	1931	昭和6	新約聖書口語訳、雑誌『聖書知識』連載開始	戦前戦中の試訳
	1944	昭和19	新約聖書口語訳、雑誌『聖書知識』連載完了	
第Ⅱ期	1953	昭和28	『口語 新約聖書 第一分冊』聖書知識社 （マルコ・マタイ）	戦後の改訳
	1956	昭和31	『口語 新約聖書 第二分冊』聖書知識社 （マタイ・ルカ）	
	1958	昭和33	『口語 新約聖書 第三分冊』聖書知識社 （ルカ・ヨハネ・使徒のはたらき）	1960年 塚本虎二、病を得る
	1962	昭和37	『福音書』聖書知識社 （マルコ・マタイ・ルカ・ヨハネの合本）	
	1963	昭和38	『新約聖書 福音書』岩波文庫	
	1966	昭和41	『口語 新約聖書 第四分冊』聖書知識社 （使徒・ローマ人・第一コリント人）	1973年 塚本虎二、死去
	1975	昭和50	『口語 新約聖書 第五分冊』聖書知識社 （ガラテヤ人へ……ヨハネの手紙）	第五分冊の改訳は生前に完成
	1976	昭和51	『口語 新約聖書 第六分冊』聖書知識社 （コリント人へ……ヨハネの黙示）	第六分冊は、戦前戦中の試訳
	1977	昭和52	『新約聖書 使徒のはたらき』岩波文庫	
第Ⅲ期	2011	平成23	『塚本虎二訳 新約聖書』新教出版社 （2012 第2版）	戦後の改訳＋助手が整理した遺稿
	2014	平成26	『新約聖書 試訳』聖書知識社	戦前戦中の試訳
	2016	平成28	『口語 新約聖書』聖書知識社	戦後の改訳（＋戦前戦中の試訳）

表3　塚本虎二訳聖書年表

冊が没後の75年に出版される。さらに翌76年には「戦前戦中の試訳」
を元にした第六分冊が出版される[29]。また、1962年には『福音書』の
合本を刊行、63年に岩波文庫の『福音書』、77年に岩波文庫の『使
徒のはたらき』が刊行されている。

　第Ⅲ期は2010年代における3冊の塚本訳聖書の刊行である。こ
れら3冊はいずれも、塚本門下の人びとが編纂したものである。『新
約聖書 試訳』（聖書知識社）は、第Ⅰ期の「戦前戦中の試訳」を一冊
にまとめたものである。『塚本虎二訳 新約聖書』（新教出版社）と『口
語 新約聖書』（聖書知識社）は、塚本による戦後の改訳が未完成に
終わった箇所についての対応方針が異なっている。

　こうした塚本訳の軌跡を聖書翻訳史（表2）のなかで捉えてみる

29　その経緯については、斎藤みち・土肥祐子・鶴田淑子「まえがき」塚本虎二訳『口
　語 新約聖書』（聖書知識社、2016年）を参照。

と、その先駆性がわかる。20世紀前半には文語訳が主流であったが、1950年代に口語訳が立て続けに刊行され、急速に普及していく[30]。それに先立って塚本は1944年に新約聖書の口語訳を完了していた。塚本自身、自訳を「草分け」「さきがけ」と考えており、戦後には他の口語訳の登場を喜んだ。そして、先に刊行された口語訳に対して自訳の個性を明確にしようと努力するが、そのことも改訳の分冊刊行を遅らせた。

塚本訳の「台本」は、ネストレ父子によるギリシャ語校訂版である。塚本が翻訳を開始した1930年時点ではネストレ聖書は14版であったが、1953年時点では21版（1952年）となっていた。なお、21版の序言では日本からの誤植の指摘にも言及があるが、その指摘は塚本によるものであり、塚本はネストレの子の方、エルヴィン・ネストレ（Erwin Nestle）から21版を贈られている[31]。

塚本は聖書学という学問を明確に意識していた。欧米には「聖書テキスト学なる学問」があり、ネストレは1、2年ごとに改訂版が出て、新しい読み方が生まれている。それゆえ日本でも「テキストの進歩に従つて新しい訳が出なければならない」。聖書の原本として「学問的に決定」したものは「今日までの伝統的の甘い夢をこわすものであつても、それに従う外はない」[32]。

塚本訳聖書では、福音書成立の歴史的順序にかんする聖書学の知見にしたがって、マタイではなくマルコの福音書が最初におかれている。

---

30 中沢洽樹『日本の聖書学』（山本書店、1968年）79-80。なお、1950年代に口語訳が登場した理由として、田川建三は「聖書翻訳史上最高の訳の一つ」であるアメリカの『改訂標準訳聖書』（Revised Standard Version, RSV）の影響を指摘している（田川建三『書物としての新約聖書』（勁草書房、1997年）574、623）。米国キリスト教会協議会（NCC）は1951年にRSVを認可し、宣伝・頒布した。

31 塚本虎二「雑感雑録〔4月17日〕」『聖書知識』第277号（1953年5月）24。塚本が指摘した誤植の詳細は、『聖書知識』第280号（1953年8月）表紙4〔裏表紙〕に記載されている。

32 塚本虎二「改訳あれこれ（三）」『聖書知識』第282号（1953年10月）表紙4〔裏表紙〕。

塚本訳の目的と方針──標準読者はだれか

　塚本訳の目的は、読者が「自分で読んでわかる聖書」を提供することであった。伝道をはじめた塚本が切実に感じたのは、「文語訳」聖書が難解だということであった。読者が一人で読んだだけではとうてい理解できないものであると思われた。

　1953年の第一分冊における「教会無き人々のための」という副題は、こうした問題意識のあらわれである。予約募集の広告でも「教会なき人、独学する人の為の聖書」という言葉を掲げ、「教会なき人のための聖書」であることを強調している[33]。

　「教会なき人」とはだれか。塚本は改訳の目的を次のように説明している。

> 　教会をもたず、自分一人で聖書を読まねばならぬ無教会の人々に取っては、読んでわかる聖書をもつことは絶対の必要である。実際現行訳の聖書を、これを読んで一人で信仰の道を歩きなさいと言うのは、残酷以外の何ものでもない。私が改訳を志したのは、教会にゆかぬこれらの人達に、自分で読んでわかる聖書を提供したいという、ただ一つの目的であつた[34]。

　塚本はここでも「無教会の人々」について語っているが、それは無教会集会の信徒であると同時に、自分一人で聖書を読む人びとを指している。塚本がよく言及しているのは、療養所の人びとである。「療養所のベッドに一人これを読む人を標準読者と考えながら、大学教授をも読者として仮想した」[35]。一方では大学教授のような知識人も想定しつつも、「療養所のベッドに一人これを読む人」こそが、塚本の想定読者であった。

33　塚本虎二「教会なき人のための聖書」『聖書知識』第269号（1952年9月）表紙3〔裏表紙裏〕、および表紙4〔裏表紙〕の「口語訳新約聖書」予約募集を参照。
34　塚本虎二「口語訳の成るまで」『聖書知識』第285号（1954年1月）9。
35　塚本虎二「口語訳の成るまで」『聖書知識』第285号（1954年1月）9。

じっさい、塚本訳の第一分冊が刊行され、ラジオ放送で取り上げられた際に、療養所の人びとから真っ先に3通の電報を受けとって、塚本は大いに喜んでいる。

> 私はいま療養所の人たちからイの一番に電報をもらつて、神に対し言い難い感謝をおぼえるのである。教会をもつ人、自由に原文が読め、或は外国語の翻訳や註解の読める人たちには、私のこの訳はあまりに稚拙ともみえ、粗末に感じられるであろう。また敷衍や説明は邪魔とも思はれよう。しかし教会も牧師もなく、ただ一人でナザレの大工の子イエス・キリストの福音によつて救われようとする、たつた一人の人の友となり得るならば、私の念願は達する[36]。

教会では牧師が説教を語り、聖書を読むためのガイドの役割を果たすわけだが、療養所にいる人びとのように、だれもがそうした指導を得られるわけではない。また、外国語の翻訳や註解書を読める人びともいるが、誰もができるわけでもない。そのような読者が一人で「読んでわかる」翻訳を塚本は目指した。

そのための方法が「敷衍訳」である。塚本は活字の大きさを変えることで、注釈を本文のなかに織り込む。注釈や補足を小さい活字で表記するのである。戦前戦中の試訳では、最初に「ポイント活字は訳者の敷衍」といった注意を付しており、この注意書きが「敷衍訳」の説明となっている。

塚本の敷衍訳については、先にみた藤原藤男も田川建三も批判的である。たしかに大小の活字が入り混じったページは独特の見た目であり、注意深くみなければ、どの部分が注釈なのかわかりにくい。また、聖書学の専門家にとっては、注釈をわざわざ本文のなかに組み込む必要がない。そもそも聖書の本文に翻訳者の言葉を追加する

36 塚本虎二「三報の電通」『聖書知識』第285号（1954年1月）表紙2〔表紙裏〕。

ことは妥当かという問題がある[37]。

　もちろん塚本もそうした問題を考慮している。その上で「教会に行けない人、行かない人、何も基督教を知らない人」のために「敷衍訳」という方法を選択する。塚本はまず「自由訳」（敷衍訳）を刊行し、次に「出来るだけ原文に忠実な、テキストだけの改訳」を出版したい、とも書いている。テキストだけの改訳版は「すでに聖書を知る人達、敷衍といふ足場が却つて邪魔になる人達の為のものである」が、これは実現していない。

　聖書翻訳者としての塚本は、聖書学者と伝道者のあいだで揺れている。だが、次のような声がきこえてくる。「お前は療養所でたつた一人で聖書を読んで信仰を得ようとしてゐる人の為に、訳する積りではなかつたのか！」[38]——こうして塚本は、「敷衍訳」という特異な翻訳の刊行を決意するのである。

「ああ幸いだ」の登場

　塚本は聖書翻訳の目標として「新約聖書がその読者に与へたと同じ理解、印象、迫力等を翻訳がその読者に与ふること」を挙げている。そして「イエスが今日我が国に来給ふならば如何なる言葉を以て語り給ふであらうか、パウロが若し手紙を私達に書くならばどんな文体を用ふるであらうか」と問う[39]。

　もしイエスが今日の日本で語るとすれば、どのように語るだろうか。この問いをめぐる塚本訳の挑戦を考えるために、「山上の説教」（「マタイ福音書」5章3節）の翻訳を比較してみよう。

37　なお、現行の聖書には小見出しがある。聖書協会世界連合（UBS）のギリシャ語新約聖書校訂本（1966年初版）で小見出しがつけられ、それが各言語版に反映された（前川裕氏の教示による）。聖書の小見出しと、小活字で区別された注釈（敷衍訳）の違いは、それほど自明ではない。

38　塚本虎二「無教会訳について」『聖書知識』第268号（1952年8月）18-19。

39　塚本虎二「聖書の文体——文語か口語か」『聖書知識』第166号（1943年10月）20。

文語訳（1917 大正改訳）
『幸福なるかな、心の貧しき者。天国はその人のものなり。

塚本訳①（1934 試訳）
幸福なのは、神の助なしに生きられぬ霊の貧乏人達である。天の王国はその人達のものであるから。

キリスト新聞社の口語訳（1952）
「霊の貧しい人々は幸である、天国はその人たちのものである。

日本聖書協会の口語訳（1954）
「こころの貧しい人たちは、さいわいである、／天国は彼らのものである。

塚本訳②（1956 改訳・第二分冊）
「神に寄りすがる〝貧しい人〟は幸だ、／天の国はその人たちのものとなるのだから。

塚本訳③（1963 岩波文庫）
「ああ幸いだ、神に寄りすがる〝貧しい人たち〟、／天の国はその人たちのものとなるのだから。

聖書協会共同訳（2018）
「心の貧しい人々は、幸いである／天の国はその人たちのものである。

　こうして並べてみると、3つの塚本訳に共通する特徴としては、文末に「から」「だから」が加えられており、理由であることが明示される点がある。その一方で、前半の文章の語順は大きく変わっており、「敷衍」（補足的説明）の分量は減少している。
　1934年の塚本訳①では、敷衍の多さが目立つ。「幸福なのは、神の助なしに生きられぬ霊の貧乏人達である」のうち、【神の助なしに生きられぬ】と【である】はポイントを下げた補足である。だが、戦後の訳ではこうした敷衍が消えている。いったん注釈しながら「敷衍訳」を行った上で、戦後にはそれを圧縮・削除するように改訳している。

　ただし、岩波文庫版でも敷衍がなくなったわけではなく、「敷衍訳」
という方針自体は維持している。本章冒頭に掲げた「山上の説教」
の引用箇所でいえば、【かの日に】や【踏みつけられて】、「〝【約束の】
地【なる御国】を相続する〟」は敷衍である。
　「ああ幸いだ」という訳文は、岩波文庫（塚本訳③）で登場する。
1934年の塚本訳①は「幸福なのは」ではじまるが、1956年の塚本
訳②では文末の「～は幸だ」となり、1963年の塚本訳③では「ああ
幸いだ」となる。塚本訳②から③への変化は、「さいわい」の位置
の変更と、「ああ」という感嘆詞の追加である。戦前は「さいわい」
は文頭にあるが、1950年代の口語訳では文末が主流となる。塚本訳
②でも文末に変更されるが、塚本は注釈で「幸だ——原文では強調
のため文頭にある」と記している[40]。そして塚本訳③では文頭に戻し、
ギリシャ語原文にはない「ああ」という感嘆詞を追加している。
　この箇所の塚本訳③への変更については、ドイツの日本学者ヴィ
ルヘルム・グンデルト（Wilhelm Gundert）によるコメントが決定的
であったと推測される[41]。グンデルトは塚本訳を「素直さ単純さまた
正確さ」において「日本に比類がない」ものとして高く評価しつつ、
こう記している（原文はドイツ語であり、原文中の日本語はカタカナで
表記されている）。

　　私にはこうしたらばよかろうと思ふ箇所が殆ど見つかりません。
　　ただマタイ及びルカの「幸いなるかな」の所が原典に比べるとあ

40　塚本虎二「マタイ略注（三）」『聖書知識』第319号（1956年11月）16。
41　ヴィルヘルム・グンデルトは、内村鑑三の著書 How I became a Christian のドイツ
　　語版（1904年）の翻訳者であり、来日して一高などで教え、帰国後はハンブルク
　　大学教授・総長を務めた。塚本虎二は一高でグンデルトにドイツ語を学び、その
　　交流は生涯つづいた。なお、グンデルトは聖書学者エルヴィン・ネストレとも交
　　友があり、塚本は「両博士から寄せ書きのハガキ」を受けとっている（塚本虎二「雑
　　感雑録〔9月24日〕」『聖書知識』第283号（1953年11月）20）。晩年のグンデル
　　トは『碧眼録』の翻訳で名高い。ベルンハルト・シャイト「ナチス時代の日本学
　　における「神道」と「禅」」（平藤喜久子編『ファシズムと聖なるもの／古代的な
　　るもの』北海道大学出版会、2020年）も参照。

まりに散文的であります。「マズシイモノハ　サイワイダ」ではギ
リシヤ文は οἱ πτωχοι μακαριοι εισιν であつて、原典の μακαριοι
οἱ πτωχοι!〔ママ〕は全く別の響をもつています。ベルギー人ラグ
エの訳をもつていましたが、それはブンシヨウタイではありまし
たが、「サイワイナルカナ、マズシキモノヨ」と全く正確に訳して
いました[42]。

　グンデルトによれば、塚本訳②の「貧しい人は幸いだ」は「原典
に比べるとあまりに散文的」である。ギリシャ語原典は「全く別の
響きをもっている」。イエスのことばの響きをどう翻訳するか。だが、
グンデルトは、塚本がすでにルカの翻訳で解決していると指摘する。

　　貴兄もルカ六・二四と二五の「禍なるかな」のところではそのこ
　とを感じて「アア禍ダ」としておられます。しかしこの箇所は幸
　なるかなと全く平行しております。ヘブライ語の「幸なるかな」
　の形式（例えば詩一・一）はこのことを最も明瞭に示しています。
　そしてロンリジヨウ　カラ　イエバ思想の流れは「あなた達は貧
　しい人はいかなる人であるかを知りたいのか。私はあなた達に言
　う。貧しい人は幸である」でなく、反対に、「あなた達は誰が本当
　に幸であるか知りたいのか。幸なのは（金持でなく、むしろ）貧し
　い人、柔和な人、またこの世から軽蔑されている凡ての人である」
　と思想が流れるのです。それは「ハ」と「ガ」との違いでありま
　す[43]。

　同じ第二分冊の「ルカ福音書」6章では、イエスの説教は「〜幸
だ」とはじまるが、その後が「ああ禍だ」と訳されている。グンデ

42　グンデルト、塚本虎二訳「グンデルト博士の改訳評」『聖書知識』第319号（1956
　年11月）表紙2〔表紙裏〕。
43　グンデルト、塚本虎二訳「グンデルト博士の改訳評」『聖書知識』第319号（1956
　年11月）表紙2〔表紙裏〕。

ルトはこの「ああ禍だ」を高く評価している。そして、それと平行
しているのだから「幸だ」でも同じ訳し方ができるはずだ、と示唆
する[44]。

　さらにグンデルトは、「山上の説教」の思想の流れに着目するな
らば、論理的には「貧しい人はいかなる人であるか」よりも「誰が
本当に幸であるか」が重要であり、「〜は幸である」という散文的
な訳よりも「幸なのは〜である」のほうがよいという。これらの助
言にしたがうならば、塚本にとって自然かつ可能な解決策は「ああ
幸いだ」以外ではありえない。

　こうして塚本は、30 年にわたる翻訳の探求を通じて、「ああ幸い
だ」というイエスのことばを発見する[45]。「ああ幸いだ」という表現は、
「口語」と呼ばれる書きことばによる、イエスの「声」の再現である。
読者はそれを読むことで、イエスの声を聴く。そのような経験を読
者の内につくりだすことを、塚本訳は目指している。

5. イエスの声を書くこと、キリストを読むこと

　塚本虎二による新約聖書口語訳プロジェクトの目的は、キリスト
教的伝統が広く共有されているわけではない日本社会において、教
会に行かなくても、療養所のベッドの上でも「一人で読んでわかる」
聖書を提供することであった。

　塚本訳は、岩波文庫という教養主義的メディアにふさわしいもの
であった。内村鑑三は教養主義に批判的であったが、無教会主義
は教養主義的にも受容された。無教会運動は 1920 年代に拡大し、
1950 年代をピークとして 1970 年代には縮小していく。その歴史は

44　戦前戦中の試訳（ルカ福音書 6:20-21、24-25）では、文頭で「幸福なのは」が三度、「禍
　　なのは」が三度くりかえされている（6:22 は「〜幸福である」、6:26 は「〜禍である」）。
45　塚本虎二の告別式（1973 年 9 月 15 日）の冒頭では、「ああ幸いだ」をふくむ「山
　　上の説教」（マタイ福音書 5:1-12）が関根正雄によって朗読された。『聖書知識』
　　終刊号（1973 年 12 月）1。

教養主義の盛衰と軌を一にしている[46]。

　現在でも塚本訳の岩波文庫は読まれているが、それが「無教会訳」であることはほとんど意識されていない。だが、「教会なき人のための聖書」という塚本の方針からすれば、こうした教養主義的な受容のあり方は、ある意味では成功している[47]。

　ただし、塚本訳は、歴史上の人物としてのイエス（史的イエス）にかんする聖書学の実践であると同時に、キリスト教伝道の実践であった。戦後の改訳を刊行する年の初め、塚本は「キリストを読め」と題して、こう書いている。「この新しい一年、何を読まずとも、聖書を読みたい。智慧の宝庫、生命の本源たるキリストを読みたい」[48]。

　それゆえ、塚本訳聖書による伝道の成否は、読者の経験にかかっている。かならずしも教会に通っているわけではない読者が一人で読み、イエスの声を聴くこと、そしてそこにキリスト（救世主）を読むこと。——塚本虎二による口語訳プロジェクトは、このようなことばの力に賭けられているのである。

参考文献

塚本虎二『聖書知識』全 397 号・終刊号、聖書知識社、1930 年 1 月－
　　　1963 年 6 月、1973 年 12 月。

塚本虎二・松村成沽・鶴田雅二編『基督教愛國』全 27 号、基督教愛國社、

---

[46] 教養主義とは哲学・文学・宗教などの人文書の読書を通じて人格の向上を目指す姿勢や態度のことであり、1900 年代に成立し、1970 年代に変質していく。竹内洋『教養主義の没落』（中公新書、2003 年）。

[47] 塚本虎二の雑誌や翻訳の読者には、作家の太宰治や評論家の山本七平がいた。太宰治は『聖書知識』の購読者であり、塚本の試訳を創作に活用した。田中良彦『太宰治と「聖書知識」』（朝文社、2009 年）93 参照。太宰の短編小説「駆込み訴へ」（1940 年）はイエスを裏切った弟子ユダの語りであり、太宰なりの福音書の語りなおし（翻案）ともいえる。また、山本七平はイザヤ・ベンダサン名義の評論でも知られるが、聖書学専門の出版社である山本書店（1956-2007）の経営者であり、塚本虎二に私淑していた。山本書店は、岩波書店やキリスト教系出版社と並んで、戦後日本の聖書学史・聖書思想史において重要な役割を果たした。

[48] 塚本虎二「キリストを読め」『聖書知識』第 273 号（1953 年 1 月）1。

1933 年 1 月－ 1935 年 3 月。

塚本虎二・植木良佐編『舊約知識』全 60 号、舊約知識社、1934 年 4 月－
　　1944 年 2 月。

塚本虎二・鶴田雅二編『新約知識』全 44 号、新約知識社、1937 年 1 月－
　　1944 年 3 月。

塚本虎二・鶴田雅二・長本三千藏共訳『希和逐語 対訳マタイ傳』新約知識社、
　　1944 年。

塚本虎二・斎藤茂（ほか）編『キリスト教常識』全 244 号、キリスト教常
　　識社、1946 年 5 月－ 1980 年 12 月。

塚本虎二『福音書異同一覧』羽田書店、1951 年〔のち伊藤節書店、新地書房〕。

塚本虎二訳『口語 新約聖書 第一分冊』聖書知識社、1953 年。

塚本虎二訳『口語 新約聖書 第二分冊』聖書知識社、1956 年。

塚本虎二訳『新約聖書 福音書』岩波文庫、1963 年。

塚本虎二訳『新約聖書 使徒のはたらき』岩波文庫、1977 年。

塚本虎二訳新約聖書刊行会編『塚本虎二訳 新約聖書』新教出版社、2011 年。

塚本虎二訳『新約聖書 試訳』聖書知識社、2014 年。

塚本虎二訳『口語 新約聖書』聖書知識社、2016 年。

*

赤江達也『「紙上の教会」と日本近代――無教会キリスト教の歴史社会学』
　　岩波書店、2013 年。

―――「無教会キリスト教における融和の思想――内村鑑三と塚本虎二
　　の無教会主義論争」『史潮』第 82 号、歴史学会、2017 年 12 月、62-
　　84。

―――「無教会キリスト者の「戦争」――矢内原事件と塚本虎二の逡巡」
　　戦争社会学研究会編『戦争社会学研究 3 ――宗教からみる戦争』みず
　　き書林、2019 年、83-101。

―――「塚本虎二から考える――平和主義・愛国主義・戦争責任」『内村
　　鑑三研究』第 53 号、内村鑑三研究会、2020 年 4 月、36-58。

―――「無教会」『キリスト教文化事典』丸善出版、2022 年、666-667。

海老澤有道『日本の聖書――聖書和訳の歴史』講談社学術文庫、1989 年。

藤本正高編『独立伝道者畔上賢造』大空社、1996 年。

藤原藤男『聖書の和訳と文体論』キリスト新聞社、1974 年。

ゴオデー（Godet, Frédéric Louis）、畔上賢造訳述『新約の五大問題』警醒
　　社書店、1920 年。

無教会史研究会編『無教会史Ⅰ・Ⅱ・Ⅲ・Ⅳ』新教出版社、1991・1993・
　　1995・2002 年。

中沢洽樹『日本の聖書学』山本書店、1968 年。

大内三郎『近代日本の聖書思想』日本基督教団出版部、1960 年。

斎藤みち・土肥祐子・鶴田淑子「まえがき」塚本虎二訳『口語 新約聖書』
　　聖書知識社、2016 年、i-v。

斎藤茂「塚本先生のはたらき」関根正雄・前田護郎・斎藤茂編『聖書とそ
　　の周辺――塚本虎二先生信仰五十年記念論文集』伊藤節書房、1959 年、
　　299-335。

シャイト、ベルンハルト（Scheid, Bernhard）「ナチス時代の日本学におけ
　　る「神道」と「禅」―― W・グンデルトとその周辺」（第 4 章）平藤
　　喜久子編『ファシズムと聖なるもの／古代的なるもの』北海道大学出
　　版会、2020 年、76-100。

関根正雄・前田護郎・斎藤茂編『聖書とその周辺――塚本虎二先生信仰
　　五十年記念論文集』伊藤節書房、1959 年。

鈴木範久『聖書の日本語』岩波書店、2006 年。

鈴木範久『日本キリスト教史――年表で読む』教文館、2017 年。

寺澤盾『聖書でたどる英語の歴史』大修館書店、2013 年。

土屋博『教典になった宗教』北海道大学図書刊行会、2002 年。

土屋博『宗教文化論の地平――日本社会におけるキリスト教の可能性』北
　　海道大学出版会、2013 年。

田川建三『書物としての新約聖書』勁草書房、1997 年。

竹内洋『教養主義の没落』中公新書、2003 年。

田中良彦『太宰治と「聖書知識」』朝文社、2009 年。

内村鑑三『羅馬書の研究』向山堂書房、1924 年。

内村鑑三『内村鑑三全集 26』岩波書店、1982 年。

渡部和隆「塚本虎二の『ヘブル書講義』における無教会主義の基礎とその
修錬」『宗教と倫理』第 21 号、宗教倫理学会、2021 年 12 月、47-61。

オリゲネスとことば
──神の像とそこに向かう生を求めて──

梶原 直美

かくてその始めから私共は、あたかも矢をもって射貫かれた如くに、かれの言によって射貫かれた。けだしかれにはどこか柔しい恩愛と人を動かさねばやまぬ力と必然とが渾然としてあった。

グレゴリオス・タウマトゥルゴス『オリゲネスへの謝辞』6 より

はじめに

　聖書のなかで最初に登場するのが「ことば」である。このことばは神の意思を示し、人間とのコミュニケーションを図り、人間に活動の基盤を与える。また、ことばによって、人間は未知で手の届かない領域を拓こうとする意欲や誘惑にも遭遇する。このように、ことばは人間に力と自由を与える。

　ことばも人間も長い時を経て今に至るが、その流れのなかで、人間はことばをもって、どのように生きるのか、ということを考え、また問い続けてきた。この問いの先には、自身の理想とする生のイメージが据えられている。それは時代や背景によって多様でありながら、しかし人間にとって普遍的な要素をも含む。たとえば、倫理学の分野では 20 世紀半ばに「徳倫理学」が刷新された内容で再び注目されるようになったが、それは時代のなかで、人間のあり方そのものを問い直す必要性が自覚されたからである。21 世紀に生きるわたしたちもまた、様々な立場で、この問いに直面しているのではないか。

　本稿では現代の問題に立ち入ることはしないが、ここでことばについて考察する機会を与えられているため、オリゲネス（185-251/4）から学びたい。すなわち、2世紀から3世紀にかけて、時にはいのちの危険に晒されながらも信仰者として、教師として、また真理の探究者として生きたオリゲネスのことばをめぐって、人間の生きる様について示唆を得るべく考察する。

1. 聖書のことばとオリゲネス

　2-4世紀のキリスト教著作家たちは、その背景で展開していた中期ないし新プラトン主義の影響を受けている。オリゲネスもまたこれらの影響下にあり、そのことは彼の思想にも如実に反映されている。しかし、オリゲネスにとって哲学は弁証法の訓練における有益さ以上のものではなかったことが指摘される。その知のもとで、オリゲネスの関心は聖書解釈にあり、聖書の寓意的解釈をとおして霊的・神学的意味を捉えようとしたのである[1]。

　ゆえに、彼の残した非常に多くの著作の多くが、聖書のことばを解き明かす注解、講話の類である。注解書や講話以外においても、彼の記述内容の根拠に聖書のことばが置かれており、これらの側面からは、聖書のことばに対するオリゲネスの姿勢が明白である。

　オリゲネスの著作には、彼の死後、著作内容の正当性が懸念されて焚書となったものや散逸したものが多かったため[2]、現在はそれらの一部のみが残存おり、とくにルフィヌスによってギリシャ語からラテン語に翻訳されたものが多いが、ギリシャのまま現存するテキ

---

[1]　たとえば、A. ラウス、水落健治訳『キリスト教神秘思想の源流——プラトンからディオニシオスまで』（教文館、1991年）101-134（A. Louth, *The Origins of Christian Mystical Tradition,* Oxford University Press, 1981）。

[2]　オリゲネスによる聖書解釈の影響が多大であったため、ローマ帝国の宗教となったキリスト教にとってそれが懸念の対象となり、彼の著作に関する論争が惹起されたとの理解も見られる。J.F. Dechow, *Dogma and Mysticism in Early Christianity: Epiphanius of Cyprus and the Legacy of Origen,* Patristic Monograph Series 13 (Macon GA: Mercer University Press, 1988).

ストからは、聖書の引用がギリシャ語テキストそのままの状態で用いられていることが確認される。多くは口述の筆写によってなされた著述のさい、オリゲネスは諳んじていた聖書のことばをしばしば根拠として持ち出しながら様々な論を展開しているのであり、ここからは聖書のことばがオリゲネスに内在していたことがわかる。

オリゲネス研究においても、『諸原理について』に示されるような内容の性質から、彼はかつて組織神学者として認識されていたが、近年は聖書神学者としての側面が注目される傾向にあることが指摘される[3]。また、聖書を解釈するさい、オリゲネスは、アレクサンドリア図書館に帰される文献学の影響のもと、文面を別の要素へと捉え直す寓意的解釈ではなく、パウロにならい、聖書を聖書から解釈する転義的な方法を取っており、この聖書解釈法は、その後の宗教改革者たちの先駆であって、キリスト教の重要な聖書解釈の方法となったと評価される[4]。

しかし、このように聖書のことばに真理を見出そうと努めたオリゲネス自身は、のちにその思想について様々な議論がなされることとなる。ただ、彼自身は「使徒たちから受け継がれ、守り継がれ、今に至るまで教会のうちに保たれている教会の教えこそ保存されているのである。したがって、教会的・使徒的伝承と食い違っていないことだけが真理として信ずべきものである。」(PA Ⅰ,Praef,2) と述べており、ここからは、彼自身の拠って立つところは、聖書のことばとともに教会の教えであったことが理解される。

『諸原理について』の第Ⅳ巻が聖書のことばに関する内容に充てられているが、オリゲネスによると、聖書は説得力のある巧妙なことばで書かれたのではなく、霊感によって書かれている (PA Ⅳ,1,7)。ゆえに、人間の知恵ではなく聖書の示す方法にしたがい、聖書にそ

3　G. Dorival, "Origen," in *The New Cambridge History of the Bible 1,* ed. James Carleton Paget and Joachim Schaper (Cambridge: Cambridge University Press, 2013), 605-628.

4　出村みや子『聖書解釈者オリゲネスとアレクサンドリア文献学』(知泉書館、2011年) 60、75。

のからだ、魂、霊を理解することが必要であり、それによって人間は教化され得る（PA Ⅳ,2,4）。

　なお、オリゲネスが日本語の「ことば」に相当する語として使用しているのは、二種類のギリシャ語である。ひとつは「レーマ」（ῥῆμα）であり、これは、「言う」「語る」を意味する「エイポン」（εἶπον）という動詞から派生した名詞で、おもに「語られた」ことばを指す。もうひとつは「ロゴス」（λόγος）である。これは「言う」を意味する「レゴー」（λέγω）という動詞から派生した名詞であり、元来、根拠や理性、理解、原理など、事柄の本質に横たわる重要な内容を包含する。「ロゴス」は、聖書のなかで、ヨハネによる福音書の冒頭のことばなどにみられるように、キリストを言い表すことばとしても使われている。ヨハネが提示するロゴスについて、オリゲネスは「……彼は『知恵』と呼ばれる。……知恵は、他のすべてのもの即ち全被造物に、神の知恵のうちに包含されている神秘及び秘密を開示するものであるから、ロゴスと言われる。即ち、知恵は、精神の隠された事柄を説明するものとして、ロゴス（ことば）と言われるのである。」（PA Ⅰ,2,1; Ⅰ,2,3）と述べており、キリストが「ことば」であることの意味を提示している。すなわち、聖書のことばが神に関する真理を示すように、キリストは知恵として、把握し得ない神の知恵を人間に開示するのである。

2. タウマトゥルゴスの『謝辞』におけるオリゲネス

　このような聖書のことばの探究に努めたオリゲネスは、自らの生涯をかけて、そのことばの体現をも目指した。教会史家エウセビオスによると、「オリゲネスは、行為が言葉と正確に一致していなければならないことを教えた。だからこそ、彼は神の恵みの助けによって多くの人を彼に倣う者とした」のであり、オリゲネスの行為には「真の哲学から生じる正しい行動が実に驚くほど見出され」、「（人々が言うように、彼は）『まことにその言葉は生き方そのものだった。

その生き方は言葉そのものだった』ことを示した」と述べている（HE
Ⅵ ,3,6-7）。そのようなオリゲネスの生き方は、多くの人々を彼の模
倣に導くこととなった（HE Ⅵ ,3,8）。ランペの分析に鑑みると、こ
こでの「正しい行動」には、倫理的・霊的行為や完全性、徳が含ま
れると考えられる[5]。これらの点を踏まえて、以下ではオリゲネスの
門下生、グレゴリオス・タウマトゥルゴスの証言をもとに、オリゲ
ネスの生き方を探究したい。

　ギリシャ教父のひとりグレゴリオス・タウマトゥルゴス（c.213-270）
は、期せずして自身が門下となったその師、オリゲネスについて、
のちに「あたかも矢をもって射貫かれた如くに、かれの言によって
射貫かれた。けだしかれにはどこか柔しい恩愛と人を動かさねばや
まぬ力と必然とが渾然としてあった。」（OP 6）と語っており、オリ
ゲネスに惹かれていったことがわかる。徹底的で執拗な議論を伴う
オリゲネスの学問の方法について、グレゴリオスは当初、苦痛に感
じていたようであるが、これによって真理のことばを受けるにふさ
わしいものとされたと理解し、そのためのオリゲネスの惜しみない
労力に「真の意味での幸福なもの」にしようとする意図を認識する
（OP 7-9）。そして、「他のすべての学問また長期間の哲学研究からの
善き果実として、神々しき徳即ち倫理的徳をば採集する学問」であ
り、「これにより心の衝動を鎮めて、乱れざる境地を得るのである。」
と、オリゲネスとの議論をとおして自身が変化したことを告白して
いる（OP 9）。

　グレゴリオスは、オリゲネスには智慧（φρόνησις：フロネーシス）
による行動が見られた一方で、四元徳を重んじた古代ギリシャの賢
人たちは善悪に関する判断、行為に関する分別に通じていても実践
が伴い得なかったと評価している。グレゴリオス自らも含め、人間
は生来、徳の実践が困難であるにも拘らず、オリゲネスはグレゴリ

5　G. W. H. Lampe ed., "κατόρθωμα," in *A Patristic Greek Lexicon* (Oxford: Clarendon
　Press, 1961), 735r-736r.

オスを「いと熱烈な愛をもって徳を慕う（ἔρως：エロース）者たらしめた」のであり、その結果、彼もまた徳を求める者に変えられた、と告白する（OP 12）。その原因は、師であるオリゲネス自身の徳の体現に帰されている（OP 12）。

　グレゴリオスはまた、真理の探究にさいして、オリゲネスが開かれ、寛容であったとも述べ（OP 15）、「最も神々しいことであり、かれの中にある神に似たる性質」（OP 2）を語ろうとする。「師の語り給うのを私が黙して聴き入ることを得たとは、何という美しい生活であったろう。」（OP 16）との回想からは、オリゲネスのことばがグレゴリオスにもたらした豊かさと喜びを伺うことができる。

　このように、オリゲネスは身近に学んでいたグレゴリオスに深い感謝と喜びと感銘をもって想起されており、グレゴリオスに大きな変化を与えたその存在は、学問的な広さと深さ、人柄、徳の実践、また、それらによって徳自体への憧憬をグレゴリオスにもたらしたことが確認される。そこで、以下ではオリゲネスの徳理解と徳実践のあり方について考察する。

3.「徳」（ἀρετή）に関するオリゲネスの理解

愛に基づく善と義

　徳の具体的内容としては、たとえば、「神聖なる言葉によれば、諸徳能の中で主要な一つの［徳能］は身近な者に対する愛（アガペー）です。」（PE 11,2）と述べられているように、苦しみや弱さのなかにある人々の苦難を分かち合うことが、愛として言及され、主要な徳として理解されている。オリゲネスは、ローマ 5,6-9 を注解するさい、「キリストが敬虔な者たちのためでなく、不信心な者たちのために死なれた」ことに言及し、ここに愛を認識している（CRom 1, Ⅳ ,10）。これはまた、神の善良さとしても捉えられているが（CRom 1, Ⅳ ,10; PA Ⅰ ,2,13）、オリゲネスはこのような神の善を、御子キリストのう

ちに見ている（CJhn ⅩⅩ,20,170; ⅩⅩ,23,198）[6]。父なる神に「従う者」としての、「父の像」たる御子の姿は、キリストの「善い」本質のしるしなのである（CJhn Ⅰ,32,231）。この善が徳として、また徳が善として述べられる箇所も見られる（PA Ⅱ,5,3）。

　新約聖書の正典化が行われておらず、キリスト教の教義が明白に確立されていたわけではないこの時代、キリスト教の本質を歪めるような考え方が流布していた。旧約聖書に示されている神は厳しい罰を与えるがゆえに、新約聖書の神と異なると主張したマルキオンの思想もその一つであった。この神観に対して、オリゲネスは両者を同じ神であると述べ、神における善と義を際立たせる（PA Ⅱ,5,3）。しかし、ここでいう善や義とは、その範疇のものを是として二項対立的に否定する対象を生じさせるような構造にはない。たとえばそれは、以下の叙述のなかに理解しうる：「……義とは各々にその功罪に応じて報いる性向であると、彼らは考えている。しかし、ここでも彼らは自分たちの定義の意味を正しく解釈していない。というのは、彼らは、悪人には悪を、善人には善を報いることが義であると考えているからである。即ち、彼らの見解に従えば、義なる者とは悪人に対して好意を抱かず、悪人に対しては憎悪を抱くのである。」（PA Ⅱ,5,1）これは、前述の「敬虔な者たちのためでなく、不信心な者たちのために死なれた」（CRom Ⅰ,Ⅳ,10）キリストのあり方とも共通し、そこに愛が認識されている。すなわち、オリゲネスにおいて、神の善や義は、愛と不可分な性質であり、徳はこれらの性質において理解されているということができる。

「アガトス」と「カロス」

　ここで、善に関する理解を辿りたい。
　たとえば、オリゲネスは神のほか、御子イエスおよびロゴスに、「ア

6　神の善はとくに、キリストの降下や受肉のなかに認識されることが指摘される。小高毅「序言」オリゲネス、小高毅訳『諸原理について』ix。

ガトス」（ἀγαθός）という形容詞をもって「善」として言及している（e.g. PA frag6; CJhn Ⅰ,38,281）。また彼は、知恵の書 7,25-26 のことばを「[知恵]は永遠の光の輝きであり、神の働きを映すくもりない鏡であり、神の善の像である」と引用し、「父がするように子がすべてをなすという点で、子のうちに父の像が形づくられる」こととして説明するとともに、神の「意志」へのキリストの一致という状態によってそれを理解している（PA Ⅰ,2,5- Ⅰ,2,6）。さらに、「御父の啓示を彼から受けている我々に対する限り『像』である。この像を通して我々は御父を知る。……御子ご自身が、[我々によって]理解されることで、[御子は御父を]啓示する。」（PA Ⅰ,2,6）とも述べ、ここにはキリストを理解することが神認識をもたらすものであり、すなわち、善もまたキリストのうちに体現されているとするオリゲネスの考えを指摘することができる。

　オリゲネスはまた、善を徳とし、徳を善として理解する（PA Ⅱ,5,3; CCels Ⅰ,24）。そして、キリストは「……ロゴスであり知恵であり、あらゆる徳である方における神と共に」（CCels Ⅲ,81）あり、「すべての徳を含む徳」（CCels Ⅴ,39）なのである。

　他方、この徳は「アガトス」ではなく「カロス」（καλòς）という形容詞に基づく「善」としても提示される（e.g. CCels Ⅰ,24）。オリゲネスの語彙選択は聖書の語に基づくが、「アガトス」は重大性あるいは卓越を表現するものとして神に関する事柄に用い、「カロス」は人間の特徴や倫理面における完全さおよび卓越を表すさいに用いる傾向がある[7]。ゆえに、人間による徳の実践は「カロス」として形容されると考えられる。たとえば、「わたしたちは、パウロも述べているように、けっして恐怖によっては教育されず、善をそれ自体として選ぶすべての者は神の子であると答えよう。だが、このかた[イエス]は、徳のゆえに神の子と呼ばれているすべての人々より

7　梶原直美「オリゲネスの祈りにおける『善』理解」『キリスト教史学』第 57 集（2003 年）80-96。なお、「美しい生き方」（CCels Ⅳ,53）との表現のさいにも「カロン」が用いられている。

も遥かにまさっているのであり、というのも彼はいわばこれらの源泉かつ端緒だからである。」（CCels Ⅰ,57）という叙述からは、人間における善の選択が「カロス」として理解されていることが看取される。そして、善の選択を奨励するとともに、カロスを選んだ者は「神の子」と述べられていた。ただし、恐れの原因を回避する手段として善を選ぶことは拒絶され、善を選ぶ根拠として、徳が提示されている。つまり、徳は「カロス」という善でありながら、その善を選ぶ根拠としても理解されていることがわかる。さらに、これらの善の選択としての徳をめぐって、善に与る者としての人間と、善や徳に完全に参与するイエスとの差異が教示されている。

歩みとしての徳実践

　人間の徳実践をめぐって以上のような考えをオリゲネスに見出すことができるが、ここでは、幾代にもわたる魂の生をも視座に含みながら、今生のあり方について考察したい。

　オリゲネスは『民数記講話』27-28 講で、旧約聖書の人物の生を魂の旅程にたとえて描いている。この 27 講には、この生が「徳から徳へと」（詩編 84,8）通過するためにあるとする叙述を三箇所に確認することができる（HNum 27,5; 27,6; 27,7）。これらの箇所には、将来の生ではなく現在の生に対する徳の意味付けがなされ、この代を生きる目的を徳の実践とする理解を読み取ることができる。

　オリゲネスはまた、別の著作で「魂の目が見えない人々の魂の目が常に開かれ、徳の話に対して聞く耳を持たない人々の耳が神や神における幸いな生活について熱心に開かれ、……」（CC Ⅱ,48）と述べている。これは『ケルソス駁論』のなかで、ケルソスがイエスによる癒しの事実を認めないことへの批判として述べた内容の一部であり、癒しの幸いを超えて幸いなこととして提示されている内容である。ここでの「神における幸いな生活」とは、徳の実践を指している。ゆえに、徳の実践により、現在の生の先の目標でなく、眼前の生活そのものに対する「幸い」の実現が提示されていることにな

る。つまり、徳実践においては、魂の進歩の先にある神との合一の幸いでなく、徳実践そのものの幸いが教示されているのである。

　また、別の著作では、「徳は、それを有している人を恵まれたものとする恵みですから」（CJhn Frg 11）と徳について言及されている。ここで、「恵まれたものとする」（ἐστὶ κεχαριτωμένον）は現在時制となっており、「それを有している人を恵まれたものとする」というのは将来のことではなく、明らかにそれを有している現在、恵みが与えられることを述べていると推察できる。前項の内容を前提とするなら、この徳の実践で満たされた生活によっていま実現する「幸い」や「恵み」は、手段としての実践に対する結果ではなく、目的的な行為そのものに含まれる自然な状態として言及されていると考えられる。

　ここで、「現在」に関するオリゲネスのひとつの見方を確認しておきたい。オリゲネスは『祈りについて』のなかで主の祈りの注解を行っているが、「糧を今日お与えください」の「今日」に関する説明の最後のほうで、次のように述べている。「……どうして、これほど偉大な代の［一］日の［一］時間という微小な部分を軽々しく扱うことができるのでしょうか。彼はむしろ、ここでの準備によって、今日という日に、しかも「毎日」……万事を尽くすのではないでしょうか」（PE 27,16）。続いて、毎日を「今日」として祈るなら、想像を超えた豊かさが与えられると述べる。これに関して、将来与えられるもののために現在を使うという理解も可能かもしれないが、前述のようなオリゲネスの考えを認識するならば、「今日」、つまり目の前に与えられているその時に、「万事を尽くす」ことに焦点が当てられていると理解するほうが自然であろう。それは可能な範囲内での最善の歩みを意味し、現在における徳の実践を意味すると理解し得る。

　オリゲネスは『祈りについて』のなかで、以下のようにも述べている。「……完全に神のみ名が聖なるものとされること及び完全にみ国が来ることは、覚知と知恵、そして恐らく、他の諸徳能につい

ても、『完全なものが到来』しないなら、実現することはありえないでしょう。」（PE 25,2）これは主の祈りの注解部における叙述であり、文脈としては、自分たちが完成を目指すプロセスに置かれていることに焦点が当てられている。ここでの「諸徳能」は、祈り求める対象として言及されている。しかしオリゲネスは明確に、現在が完全ではないという前提に立っている。ゆえに、諸徳能もその実践もまた完全ではありえないのである。

信仰と愛と善のもとに

このような徳の実践は、「全き信仰に基づく徳がいかに大いなるものであるか」（CJohn ⅩⅩⅩⅡ,16,196）とのことばに見られるように、信仰という基盤との関連においても述べられている。「神から義とされる端緒は、義とされる方を信じる信仰なのです。そして、この信仰は、義とされた時に、雨の後の根のように、魂の深みにしっかりと根を下ろします。その結果、神の律法によって耕され（教化され）始めると、行いという成果をもたらす枝が［魂］の内に成長するのです。」（CRom Ⅰ,4,1）という叙述からも、義認によって信仰がより確かなものとなり、それが善の実践に結びつくという理解を看取し得る。また、「徳」は「善きもの」のひとつとして認識されている（CCels Ⅰ,24）ことに鑑みると、「信仰から義とされる者は、信仰から発端を得て、善行を成し遂げることによって完全なものとなり、信仰によって義とされる者は、善の実践から出発して、信仰によって完全なものとなるのです。こうして、両者が互いに強く結ばれており、一方は他方によって完成されるのです。」（CRom Ⅰ,3,10）とのことばにおいて、信仰と徳に準じる善行とは並列的に述べられている。なお、ここでの義とは信仰によってのみ神から与えられる義認の結果であるが、オリゲネスはこれを善の実践と関わらせ、信仰と善行は神による義認を介して人の完成に関与するものと理解している。

これらに加えて、ひとりの人間として現実を生きるオリゲネス自

身の信仰が確認され得る内容に触れておきたい。

　理性と知性によって聖書を理解し、ことばを尽くして執筆を進めるオリゲネスの叙述のうち、ローマ 8,35-37 の注解部では、他の箇所と異なり、「私は」という主語と、強い情動的なことばを伴う告白が目立つ。いかなる人物も苦難も、キリストの愛から自分たちを引き離し得ないというパウロのことばについて、オリゲネスは、「たとえ、この世の剣が私の首に振り下ろされようとも、神への一層大きな愛を私にもたらすのです。……私の全生涯を迫害と危険の内に過ごしても、私は言うでしょう。……」(CRom Ⅰ,7,11) と、ここまでを「私」として述べている。それに続いて、「この愛に熱中している限り、私どもは苦しみを感ずることはないのです。実に、私どもを愛し、私どもの愛情をご自分に引き寄せられた、この方の愛が、肉体に対する拷問と苦痛を私どもに感じさせなくするのです」(CRom Ⅰ,7,11) と、キリストへの自らの信仰を表しながら、キリストの愛ゆえに、迫害によっても苦しむことはないのだと断言している。これらのことばは決して単なる大言壮語ではなく、迫害の危機を伴う現実のなかで述べられた内容である。またここには、かつて殉教を遂げた父の姿や、自らもまたそれを願うほどであった彼自身、またそれ以上に、十字架の死をその身に引き受けた御子キリストが重なった可能性もあるであろう。いずれにせよ、ここにはキリストに対するオリゲネス自身の実存と信仰、また同時に、神から与えられる愛の自覚と、神に対する彼自身の愛を確認することができる。

　そのようなオリゲネスの神への信仰が、彼の多くの著作の内容と違わず、彼自身の善行にも一致することは容易に理解できる。そしてそれは、同じく彼の叙述から、彼の善行の根拠が、理性による判断には留まらなかったことが示唆される。

　さらに、善なる神の権威下に身を置くことを勧めるローマ 13,3-4 および、隣人愛を勧める同 13,10 の注解部において、オリゲネスは不法な者、不従順な者、神を畏れぬ者、人を殺す者などを例示し、つぎのように述べている：「このような者らは、律法を恐れています。

ところが、善を行う者、つまり律法への恐れによってでなく、善への愛によって善いことを行う者は、もはや文字の律法の下にではなく、霊の律法の下に生きているのです。」(CRom Ⅱ,9,28)「心を尽くし、思いの限りを尽くしてキリストを愛する者が、キリストの喜ばれないことを何かするというようなことは、決してあり得ないのです。」(CRom Ⅱ,9,31) つまり、神との契約を破棄することによる報いを自らのために恐れるのではなく、ただキリストを愛し、キリストの喜びを欲することにより、善の実践にいざなわれるのである。

御子キリストと聖霊によって

しかし、不完全な人間が善を選択し、実践することが可能なのか。オリゲネスによると、人間は、幾世代にもわたって生を繰り返す魂という存在に帰され、最終的にすべては救済のなかに置かれる[8]。しかし、そのことは、自らが、自身の生成する現在の善悪と切り離されることを意味するわけではない。むしろ、人間は理性を持つがゆえに、生きる過程での選択の善悪が問われ、それに応じた報いを受ける（CJhn ⅩⅩⅩⅡ,16,189）。ただし、人間は最も弱い理性的存在者であり、あらゆるものを理性によって考察できるわけでないため、救いを得るには人間の努力だけでは不十分であり、神の助けが必要である（PA Ⅲ,1,19-24）。ここに、仲介者としてキリストが与えられた（PA Ⅱ,6,1）[9]。

ヨハネ福音書 1,4-5 の注解部では、「善く生きることを伴う有徳な［生命］」（CJhn frg 2）としてのロゴスであるキリストが示され、人間はそのロゴスの参与により「生きる」ものとなったと述べられる。そして、「光」が闇に捕らえられないものであることを説明するなかで、「神が悪の存在を許される理由は明らかです。即ち、そ

8　梶原直美「魂についてのオリゲネスの教説に関する一考察」『神學研究』第 57 号（2010 年）55-65。
9　この前後で、オリゲネスは、人間が自らの力のみでは善に向かい得ないことを繰り返し述べている。

れは徳の偉大さを示されたためです」（CJhn frg 3）と説明されている。ここで、光は真理、闇は誤謬と欺瞞の象徴とされており、「徳」は、このような闇のなかにおける光の臨在を意味している。これらのことから考察すると、キリストが光として闇のなかに誕生したことは徳の受肉をも意味し、同時に、この深淵なる闇のなかで、キリスト自身が受難を引き受ける徳であるとも理解し得る[10]。この理不尽な闇のなかでだからこそ、そのようなかたちで光が与えられる必要があった。このことを人が信仰によって認識し、キリストに示される徳もまた人間に光として知覚されるなら、その徳によって自らの闇も照らされることにより、人間は影響を受ける。

　さらにオリゲネスは、神を光と認識するパウロのことば（ヘブライ 1,3）を説明するなかで、「彼がいかにして道であり、御父へ導くか、いかにして彼がロゴスであり、隠された知恵及び神秘の知識を解き明かし、理性的被造物に提示するか、……。この点でも彼は、いわば人々と光との「仲介者」となっているのである」（PA Ⅰ,2,7）と、キリストを、父に導く道としての仲介者と説明している。人間は、この仲介者たるキリストによって、神への道に導かれ、歩むことを可能とされる。

　歩みの先導者としてのキリストについては、ヨハネⅠ 2,6 に基づいて述べられている以下の叙述に認識しうる：「……各々の人間はせめて転落し過失を犯した後に、［イエスの魂の］模範に倣って、自らを穢れから浄め、［彼を］旅路の案内者としていただき、徳の険しい道を進み行くべきである。このようにして、彼を模倣することを通して、我々のなり得る範囲で、神の本性に参与するものとなり得るのである。」（PA Ⅳ,4,4）ここで、オリゲネスは、その模倣の根拠として、Ⅱコリント 9,22 のことばを挙げ、「弱さ」という側面

---

10 オリゲネスの著作において、キリストは人間に示される神の性質として諸相をもって言及されるが、そのなかで善がもっとも際立ち、その善は、キリストの受難において明らかとされたことが指摘される。小高毅『オリゲネス「ヨハネによる福音注解」研究』（創文社、1984 年）149-150。

に焦点を当てている。また、フィリピ 2,6-7 に示されているキリストのケノーシスについては、「すぐれた模範と教育によって、僕のかたちを『神のかたち』に回復し、『己をむなしくした』時に放棄したところへの充満へと、それを連れもどすためであった。」（PA Ⅳ,4,5）と、神のかたちの回復と、自己放棄による充満に至らせるために、優れた模範と教育を与えることが目的であったという点が認識されている。つまり、ここでは、降下のキリストが、人間にとっての模範であり教育者としても認識されているのである。

　オリゲネスはまた、ロゴスであり知恵であるキリストの受肉について言及するなかで、聖霊についても言及する。そのさい「すべての理性的被造物は、神の知恵と神のロゴスに与りうるのと同様、聖霊にも無差別に与りうると私は考えている。」（PA Ⅱ,7,2）と述べる一方で、聖霊への参与者について限定する箇所も見られる。これはどのように理解すればよいのか。

　オリゲネスには、知恵としてのキリストはすべての人に参与するという考え方が明確に示されているが、キリストは「すべての人のうちに、知恵に固有な機能を発揮するのではない」（PA Ⅱ,7,3）のであり、「自分の病を自覚し、健康を回復するために、その同情にすがる人に対してのみ」医師としての働きをする。つまりここには、キリストは人に参与するが、キリストに伴う力は受ける人によって機能の仕方が変わるという理解がみられる。オリゲネスはそれを聖霊にも当てはめ、「霊を受けうる人の個々において、聖霊ご自身が、霊にあずかるに値する人が必要とするものとなり、そのようなものとして理解される。」（PA Ⅱ,7,3）と説明する。この論述の背景には「誤謬と欺瞞」によって聖書を理解しようとする人々への反駁の意図があるが、「聖霊に参与するに足るものとされた人は、名状し難い神秘を知ることによって、疑いもなく、心の慰めと喜びを受ける」（PA Ⅱ,7,4）のである。

　オリゲネスはさらに、人間のあり方が救いに関与しないとする主張に反論し、善を目指すことを奨励する。そしてローマ 9,16 を引用

して「我々の良き意思、敏捷な意図、我々のうちに存在しうるあらゆる精励が神の援助に助けられ、強められないなら、救いを得るには人間の意思だけでは不充分であり、天の［報い］を得、『イエスス・キリストにおいて上に召して下さる神の栄冠』（フィリピ3,14）を得るには、死ぬべき人間の努力だけでは不充分である。」（PA Ⅲ,1,19）と説明する。オリゲネスはここで、救いに至るには人間の努力だけでは不充分であることを示すが、反論の意図は、神だけに拠らず、人間の側の尽力も要するというところにある。選択のさい、「神によって与えられた動きを善に向けるか、悪に向けるかは我々による」（PA Ⅲ,1,20）のである。

また、『フィロカリア』26,6のなかでは、つぎのように述べられている：「何らかの目的のために存在するあらゆるものは、その目的ほど重要ではない……もしある恵みを得るために何らかの戒律を守らねばならないのなら、また、報酬が身体的かつ外的なものであるなら、その善（アガトス）行はそれ自体が究極的な善（アガトス）ではなく、単に善（アガトス）を生じさせるものであろう。」

何かの手段的意味合いを有する善行を究極的な善ではないとするこのことばは、魂の完成という究極目的に向かっての徳実践の価値を減じるもの、という理解に結びつくかもしれない。しかし、この箇所のことばの背景には、物質的な富や健康を偏重する人々への批判という意図がある。これに続く「富と身体の健康が高潔さや徳行を凌ぐというなら、それは最も愚かである」（Phil 26,6）とのことばからは、内的な高潔さや行為としての徳実践の重要性が擁護されていると言える。

おわりに

以上、聖書のことばを生きようとしたオリゲネスについて、おもに彼の著作から考察をおこなった。オリゲネスの著作のなかには、徳を重視する記述が多く、そこには、魂の目的地としての神との合

一を見据える視点がありながらも、魂の進歩を生じる徳実践のプロセスそのものに意味が見出されていることを確認した。そして徳の実践は、合理的で排他的な正しさでなく、いわばキリストに示されるような不合理で受容的な愛と、その愛を根底に持つ義しさに基づいた徳を体現することであると言える。

　キリスト教において、徳は、哲学における価値観のなかには留まらない「愚かな」内容が重要な意味を形成している。それは、不完全で貧しい人間の救いのためにこそ遂げられたキリストの十字架上の死、人々の希望の源泉となった復活の出来事、そしてそれらすべてに通底する神の愛である。オリゲネスが徳を神のわざと理解していたのは、それが愛であり、善であることをも意味するであろう。そしてオリゲネスの徳実践が実際に愛を生じさせたことは、それに触れたグレゴリオス・タウマトゥルゴスの告白と変容からも確認された。

　オリゲネスが目指すのは、人間を超越した神のような完全性を自身の「力」として得ることではなく、肉となった神、キリストに示される愛に導かれ、現実を生きるなかで自らもまた神を仰いで愛を行う者でありたいと願い、そうあり続けることを選ぶあり方である。「キリストの模倣」はそれを目指すものであると言える。徳は、そこに根差しており、この徳の実践には喜びが伴うと認識されていた。今生を歩む生き方として最も重要な指標のひとつである徳実践は、善なる神の与えたもうキリストを模倣すること、すなわち、いかなる状況のなかでも神への方向性を保つことを意味するからである。

　そして、オリゲネスの生涯とその教えは、彼の徳の実践が信仰に支えられるものであったことを示していた。神を信頼し、自身を委ねて歩む生のなかで、信仰は神の喜びを求める熱意を生じさせる。ゆえに、そこにおける徳の実践は、宗教的な正しさや義務、命令である以上に、愛であり善であるキリストの姿に導かれ、自らのうちに喜びを生み出す行為であった。

　オリゲネスには、自分の救いのために人間イエスとして生まれ、

苦しみを引き受け、命をささげてくださったキリストの存在が不可
欠であった。彼の徳の実践は、信仰の対象であるキリストの姿に強
く結びつき、自らが贖われた体験のなかから生じるものであったか
らである。オリゲネスが徳と同時に信仰に言及することがあったの
は、いかなる現実であっても、先にある希望に目を留めて今を生き
る彼の態度の表れなのであり、その思想もまた神への信仰、信頼に
依拠した土台に根差していると言えよう。現実のなかに積み上げて
いく徳の実践は、徳の完成の将来にただ接近するだけでなく、そこ
から遡って今現在の生の歩みに意味を与える。ゆえに、彼は徳を完
成させるよう努め、教えながらも、徳を人間の不完全な状態との関
連において認識し、提示していた。完全な徳の体現を目指しながら
歩むのは、何より人間が不完全だからである。そしてそれを支える
のが神の恵みであり、模範となった御子キリストの贖いと導きと聖
霊の与える力によって、人間は啓示された神の愛に触れる。オリゲ
ネスはこれらに心を留め、自身の生を徳によって満たしていった。

　今のわれわれの日常における徳の具体的なあり方は、背景の異な
るオリゲネスのそれとは必ずしも一致せず、より複雑であるかもし
れない。しかし、自身の足りなさに幾度となく失望するわれわれも
また、この自分を容認するに留まらずむしろ積極的に愛を注ぎ続け
てくださる存在に目を向けるとき、その衝撃や驚きと無関係に生き
ていくことはできないのではないか。聖書のことばはオリゲネスに
その存在を伝え、オリゲネスの生を支えた。オリゲネスのことばは
われわれにそのリアリティを提示する。これらのことばは、真に望
む生き方とはどのようなものなのかをわれわれに問うように思われ
る。

謝辞

　本研究は、JSPS 科学研究費（課題番号 20K12821）の助成を受けて
行われたものである。

　なお、本稿は、拙論「生の実践としての「徳」（αρετη）——オリゲネスにみる理解から」『宗教と倫理』第 18 号、宗教倫理学会、2018 年、97-110、および、同「オリゲネスの信仰にみる徳実践の可能性」『宗教と倫理』第 21 号、宗教倫理学会、2021 年、15-29、の原稿に加筆・修正のうえ、新たな内容を加えて作成した。

　また、字数の制約上、原語での記載は控えることとした。

資料および参考文献

　＊オリゲネスの著作等については、紙幅の都合上、凡例はなるべく短い表記とし、本文中に略記とともに箇所を記載した。以下の文献以外に、『民数記講話』は HNum、『フィロカリア』は Phil、『断片』は frag と略記した。

エウセビオス、秦剛平訳『教会史』山本書店、1987 年。（HE と略記）

小高毅『オリゲネス「ヨハネによる福音注解」研究』創文社、1984 年。

オリゲネス、小高毅訳『諸原理について』創文社、1978 年。（PA と略記）

オリゲネス、出村みや子訳『ケルソス駁論 Ⅰ』教文館、1987 年。（CCels と略記）

オリゲネス、出村みや子訳『ケルソス駁論 Ⅱ』教文館、1997 年。（CCels と略記）

オリゲネス、小高毅訳『ヨハネによる福音書注解』創文社、1984 年。（CJhn と略記）

オリゲネス、小高毅訳『ローマの信徒への手紙注解』創文社、1990 年。（CRom と略記）

オリゲネス、小高毅訳『祈りについて』創文社、1985 年。（PE と略記）

梶原直美「オリゲネスの祈りにおける『善』理解」『キリスト教史学』第 57 集、キリスト教史学会、2003 年、80-96。

————「魂についてのオリゲネスの教説に関する一考察」『神學研究』第 57 号、関西学院大学神学研究会、2010 年、55-65。

グレゴリオス・タウマトゥルゴス、有賀鐵太郎訳『オリゲネスへの謝辞』

有賀鐵太郎『オリゲネス研究』創文社、1981 年、449-488。（OP と略記）

A. ラウス、水落健治訳『キリスト教神秘思想の源流――プラトンからディオニシオスまで』教文館、1991 年。（A. Louth. *The Origins of Christian Mystical Tradition,* Oxford University Press, 1981.）

Dechow, J. F. *Dogma and Mysticism in Early Christianity: Epiphanius of Cyprus and the Legacy of Origen.* Patristic Monograph Series 13. Macon GA: Mercer University Press, 1988.

Dorival, G. "Origen." *The New Cambridge History of the Bible 1,* edited by James Carleton Paget and Joachim Schaper, Cambridge: Cambridge University Press, 2013, 605-628.

Görgemanns H. und H. Karpps hrsg. *Origenes vier Bücher von den Prinzpien, Texte zur Forschung* Bd. 24. Darmstadt: Wissenschaftliche Buchgeselschaft, 1976.

Lampe, G. W. H. ed. *A Patristic Greek Lexicon.* Oxford: Clarendon Press, 1961.

Migne, J.P. *Patrologiae cursus completus, series graeca.* Paris, 1857-1866.

Thesaurus Linguae Graecae (TLG): A Digital Library of Greek Literature. Irvine: UCLA, 2017.

揺らぐ言葉と説教者の権威
——教皇ヨハネス 22 世の至福直観の
教義をめぐる説教——

赤江 雄一

わたしたちは、今は、鏡におぼろに映ったものを見ている。だがその
ときには、顔と顔とを合わせて見ることになる。

コリントの信徒への手紙一 13:12

はじめに

中世ヨーロッパ、特に経済的な発展にともなって都市が成長を始め
めた 12 世紀後半から 13 世紀前半にかけて、説教における「こと
ばの力」が、当時のカトリック教会にとっての重大な関心事となっ
た[1]。新たに登場した都市民たちのあいだに、キリストの 12 人の弟子
たち（使徒）の生き方を範としてそれに倣おうとする「使徒的生活」
の理想が広がりつつあった。「使徒のように」生活するということ
は説教への積極的な関わりを意味し、聖職者ではない平信徒や女性
から説教を行う者が出はじめたのである。さらに同様の理想に突き

---

[1] 本 稿 は Yuichi Akae, "John XXII as a Wavering Preacher: The Pope's Sermons and the Norms of Preaching in the Beatific Vision Controversy," in *Communicating Papal Authority in the Middle Ages*, ed. M. Ozawa, T. W. Smith and G. Strack (Abingdon: Routledge, 2023), 41-61 の日本語版である。ただし完全な翻訳ではなく、本書のテーマと日本語読者にあわせて日本語文献を加え若干構成が異なる部分がある。以下では史料は基本的に日本語訳で引用し、紙幅が許す範囲でラテン語の原文を注で記す。より詳細な欧文文献の注記等については英語版を参照されたい。

動かされながらも教会の権威に従わないヴァルド派などの異端的教説もまた説教を通じて一部に広まりつつあった[2]。ラジオやテレビは言うまでもなく、活版印刷術すら存在していなかったこの時代において、一度に多数の人々に語りかけることができる「メディア」としての説教の影響力は大きく、それを当時の教皇権は深く認識していた[3]。したがって、教皇権は説教で語られる教義の誤りだけでなく、教会の権威に対する認識の不足あるいは故意の無視をとりわけ問題視し、説教を行う許可を誰に与えるか厳しく統制しようとしたのである[4]。さらに教皇権は、正統な説教を行う能力を有する者たちを輩出する存在として、ドミニコ会やフランシスコ会を代表とする托鉢修道会という新しいタイプの修道会の設立に尽力した。同時期の第4ラテラノ公会議（1215年）は、全キリスト教徒が少なくとも年一回の罪の告白を司祭に対しておこなうのを義務化した。平信徒を説教によって告白に導くことが期待されたのである[5]。この流れにおいて注目するべきは、人びとに教えられるべき神学的内容と説教というメディアの問題が同時に重要な焦点になっていたことである。

　では、当時の説教において「ことばの力」はどのように発揮されるべきだったか。あるいはどのように発揮されるべきではなかったのか。ここでは14世紀に突如として巻き起こった一大神学論争のきっかけとなった一人の教皇の説教に則して考察してみたい。

＊＊＊

2　Beverly Kienzle, "Preaching as Touchstone of Orthodoxy and Dissidence in the Middle Ages," *Medieval Sermon Studies* 43 (1999): 19–54.

3　赤江雄一「中世ヨーロッパの「マス・メディア」――説教集を読む視角と方法」『創文』第498号（2007年6月）10–14。

4　Kienzle, "Preaching as Touchstone of Orthodoxy and Dissidence"; Carolyn Muessig, "Sermon, Preacher and Society in the Middle Ages," *Journal of Medieval History* 28 (2002): 73–91 (esp. 80).

5　この時期の教皇権による告白や説教による俗人の司牧への注目は「司牧革命」と呼ばれている。赤江雄一・岩波敦子編『中世ヨーロッパの伝統――テクストの生成と運動』（慶應義塾大学出版会、2022年）iii。C. Morris, *The Papal Monarchy: The Western Church from 1050 to 1250* (Oxford: Clarendon Press, 1989), 48.

　教皇ヨハネス 22 世（在位 1316–1334）は、1309 年に教皇庁がアヴィ
ニョンに移されてから 2 人目の教皇である。当時の教皇には珍しく
ないが法学を修めていた彼は、教皇権の独立を回復することを目指
し、教皇政府の行政と財政を改善し、それ以降の教会財政の基礎を
築いた。中世教皇史の古典的概説は、当時の教皇たちのなかで「傑出」
していたが「彼の活力や才能が何事も解決しなかった」人物として
ヨハネスを描く[6]。頭脳明晰で自らの知力に自信があったヨハネスは
しばしば神学的論争に自ら介入し、いくつもの大論争を引き起こし
た。以下で扱う「至福直観」をめぐる論争はその一つである。

　論争の発端は、ヨハネス 22 世が 1331 年の万聖節（11 月 1 日）に
おこなった説教である[7]。ここで「至福直観」（あるいは至福者の見神）
の教義に関して、それまでの一般的な理解とは大きく異なる自らの
考えを明らかにしたのである。そもそも「至福直観」とは、救われ
た人の魂が、直接、神を知ることができる天上／天国における状態
である。冒頭に掲げた「コリントの信徒への手紙一」13 章 12 節は、
人間は現世では間接的に、そして媒介的にしか神を知ることができ
ないが、天国で清められた人が直に神と対面する、すなわち神につ
いての無媒介かつ直接的な知識を得ることができ、そのときに完全
な幸福、すなわち「至福直観」を得ると理解される[8]。

　教皇ヨハネス 22 世の新解釈は、どの時点で「至福直観」の恵み
に与ることができるかを巡るものだった。14 世紀前半のこの時期ま
でには、トマス・アクィナスが数十年前に論じているように、救わ
れた人は、死んで、煉獄での苦しみを終えて清められた後は、審判

6　G・バラクロウ、藤崎衛訳『中世教皇史［改訂増補版］』（八坂書房、2021 年）
　256。

7　Marc Dykmans, ed., *Les sermons de Jean XXII sur la vision béatifique: texte précedé
　d'une introduction et suivi d'une chronologie de la controverse avec la liste des écrits
　pour et contre le Pape* (Rome: Università Gregoriana, 1973).

8　至福直観の教義および論争の展開については以下の大著を参照する必要がある。
　Christian Trottmann, *La vision béatifique, des disputes scholastiques à sa définition par
　Benoît XII* (Rome: Écoles françaises d'Athènes et de Rome, 1995).

の日を待たずに天国に到達すると考えられるようになっていた。つまり、死後、煉獄を経て天国に行けば、その人の魂はただちに神を見る（至福直観に与る）ことができるのである。しかし、ヨハネス22世は、救われた人であっても最後の審判の日を待たなければ至福直観に与ることはできないと、1331年の万聖節の説教だけでなく、翌年あるいは翌々年にかけての数回の説教で展開したのである。

その結果、多くの人びとが関係する大論争がまきおこった[9]。前述した托鉢修道会は大学での知的ヘゲモニーを握っていたが、そのなかで神学における正統教説の守護者として振る舞うドミニコ会の修道士たちは、同会士トマス・アクィナスの標準的な意見に主に基づいて教皇の意見に反対した。それに対して、フランシスコ会は、教皇を支持する大多数と批判する少数に分かれた。その理由は以下のようなものである。この論争に先んじて1320年代に教皇はフランシスコ会の清貧論を否定した。これを受けてフランシスコ会は、教皇の裁定を受け入れた大多数の者たちと、否定された清貧論を強く主張しつづけた少数の者たちに二分する。後者に属するチェゼーナのミケーレやオッカムのウィリアムなどは、すでにヨハネスと対立していた神聖ローマ皇帝バイエルンのルートヴィヒ4世の保護を求めて、1328年にアヴィニョンからミュンヘンの彼の宮廷に移り、至福直観論争においても教皇を強く批判した。これに対して前者の大多数のフランシスコ会士たちは同論争において教皇の側に立ち、同会がさらなる窮地に追い込まれないように振る舞ったのである。この論争にはナポリ王ロベルト1世やフランス王フィリップ6世も介入し、フィリップはパリ大学も巻き込み、そうして当時の知的世界を席巻する事態となった。この論争が終結に向かったのは、1334年

9　この論争の概略を把握するのにもっとも重要な日本語文献は小林公『ウィリアム・オッカム研究——政治思想と神学思想』（勁草書房、2015年）133–135、191–200である。なお、同書でより重点的に扱われているのは、この段落で触れるフランシスコ会の「清貧」理解をめぐる論争、そして同教皇とルートヴィヒ4世との関係についてである（同書第1章および第2章）。

に自らの死を目前にして教皇ヨハネスが事実上、自らの立場を撤回
したからである。

　この論争で注目したいのは、この論争の過程で語られた説教と、
それら説教に対する見解についてである。この論争は教義を巡るも
のであるがゆえに、これまでの研究が教義上の問題や論争を取り巻
く直接的な状況にもっぱら焦点を当ててきたのは当然である。しか
し、冒頭で述べたような当時の状況を考えるならば、もし説教の中
で、それまでの教会内の共通の神学的理解とはまったく異なる（し
たがって潜在的には異端的な）メッセージを、よりにもよって教皇が
発した場合には、当該の教義の「ことば」だけでなく、説教として
語られた「ことば」、そしてそれを語る説教者の権威という「力」
の問題も同時に論争の的となったと考えるべきではないだろうか。
しかし、この点はこれまで十分に考究されたことがない[10]。

　この点を以下掘り下げていくにあたって注目すべきは、教皇ヨハ
ネス 22 世が行った数回の説教は、その都度、個別の出来事だった
という点である。彼が至福直観に関する最初の説教を 1331 年の万
聖節におこなったとき、それは明らかに大きな反響を呼んだ。その
1 ヶ月半後の待降節第 3 日曜日（同年 12 月 15 日）におこなわれた第
二の説教に、その反響に対する教皇自身の反応が表れていたとして
も不思議ではない。

　実際、後述するように、最初の万聖節説教とは異なる特徴が第二

---

10 近年の研究には「同教皇は一連の説教の中で彼の見解を述べたのに対し、学識あ
　る聖職者たちはスコラ学の論争の中で自らの見解を断定した」点に注目し、「異な
　る意見が表明されたジャンルの対比」を考察するべきとするものがある。とはいえ、
　実際にはそうした考察は遂行されていない。Isabel Iribarren, "Theological Authority
　at the Papal Court in Avignon: The Beatific Vision Controversy,"in *La vie culturelle,
　intellectuelle et scientifique à la cour des papes d'Avignon*, ed. J. Hamesse (Turnhout:
　Brepols, 2005), 277–301 (here 279). トロットマンについても同じことが言える。
　Trottmann, *La vision béatifique*, 433–41; id., "Deux interprétations contradictoires de
　Saint Bernard: les sermons de Jean XXII sur la vision béatifique et les traités inédits du
　cardinal Jacques Fournier," *Mélanges de l'Ecole française de Rome. Moyen Âge*, 105.1
　(1993): 327–79. Iribarren, "Ockham and the Avignon Papacy: The Controversy with
　John XXII, Benedict XII, and Clement VI," in *A Companion to Responses to Ockham,*
　ed. Christian Rode (Leiden: Brill, 2016), 334–64.

の説教には見られ、その中には、真剣に説教の仕事に取り組んでい
た人々を驚かせるような発言も含まれていた。教皇の説教を聞いた
人たち、あるいは教皇自身が回覧した説教原稿や報告書を読んだ人
たちは、その説教に対して、神学的な考えだけでなく、その表現方
法についても反応したのである。このような反応がはっきりとあら
われているのは、教皇とその支持者であるフランシスコ会を1333
年1月17日の説教で激しく批判し、説教の直後に異端の嫌疑をか
けられたドミニコ会士トマス・ウェイリーズの発言[11]や、ウィリア
ム・オッカムが教皇を批判した論説[12]である。彼らは他の点では立
場を違えていたが、ともに教皇の説く至福直観に関する教説に警戒
心を募らせただけでなく、説教のあるべき姿についても共通の関心
を持っていた。彼らの目には、教皇の見神に関する説教はしかるべ
き規範から大きく逸脱していると映ったのである。すなわち、教皇
ヨハネスの説教は、当時の説教者たちが共有していた説教規範に照
らして位置づけられなければならない[13]。

　説教とは何か、説教者とは誰か、どのように説教をすべきか、と
いった説教についての当時の考え方を知るためには、説教の構成等
についてのマニュアルである「説教術書」artes praedicandi を見るこ
とが有効である[14]。この時代の説教の規範を知ることで、教皇の説教
の中には、当時の訓練を受けた説教師にとっては非常に目につくい

11 Th. Kaeppeli, *Le procès contre Thomas Waleys O.P.: Ètude et documents* (Rome: Istituto storico domenicano S. Sabina, 1936). ウェイリーズの説教のテクストは pp. 93–108. Beryl Smalley, "Thomas Waleys O.P.," *Archivum Fratrum Praedicatorum* 24 (1954): 50–57.

12 "Tractatus contra Iohannem XXII," in *Guillelmi de Ockham Opera Politica,* ed. R. F. Bennett and H. S. Offler (Manchester: Manchester University Press, 1940–1963): III, ed. H. S. Offler (1956), 19–156 (Intro., 20–28).

13 フランシスコ会の清貧論を否定するヨハネスの見解の故に、至福直観についても オッカムがヨハネスを批判するのは当然だが、それとは独立にヨハネスの説教に 対するオッカムの意見はまともに受け取るべきである。

14 Siegfried Wenzel, *Medieval "Artes Praedicandi": A Synthesis of Scholastic Sermon Structure* (Toronto: Pontifical Institute of Mediaeval Studies, 2015). 赤江雄一「西洋中 世における説教術書の伝統生成——説教術書は制度的ジャンルか」赤江・岩波編『中 世ヨーロッパの伝統』3–20。

わば「規則違反」があることが明らかになる。それが何かを明確にし、その含意を明らかにすることで、この論争をより深く理解できる。

　以下では、まず最初に「説教術書」を用いて、説教の当時の支配的な定義を説明する。説教を他の類似した活動と区別するものは何か。誰が説教をする資格をもつのか。次に、ヨハネス 22 世が至福直観に関する説教で用いた説教形式と特徴を分析し、彼の最初の説教と第二の説教以降のあいだに、これまで指摘されていない大きな違いがあることを示す。続いて、ヨハネスの説教に対するトマス・ウェイリーズとウィリアム・オッカムの批判を紹介し、最後に、あらためて教皇が第二回の説教以降で行っていたことの深刻な隘路を指摘することで、説教というメディアに掛けられていたものを明らかにしたい。

1. 当時の説教規範

　「説教術書」の主要な部分は、当時の支配的な「新説教」形式の組み立て方を論じている。しかし、その冒頭近くで、説教の一般的な問題を論じることがしばしばある[15]。同時代の、もっとも網羅的な「説教術書」は、ベイスヴォーンのロバートの『説教形式』（1322 年）とトーマス・ウェイリーズの『説教著述の方法について』（1336 年頃）である[16]。筆者は以前『説教形式』で論じられている説教技法を、托鉢修道会のひとつであるアウグスティヌス隠修士会の修道士ジョン・ウォールドビー（1340 年代から 60 年代にもっとも活発に活動）の説教で使われたものと比較して検討し、『説教形式』が、当時の説教作成の実践から切り離された思索的な探求ではなく、当時の実践

15　赤江雄一「西洋中世における説教術書の伝統生成」。

16　この 2 著作は以下で校訂されている。T-M. Charland, *Artes praedicandi: Contribution à l'histoire de la rhétorique au Moyen Âge*, Publications de l'Institut d'Études Médiévales d'Ottawa, 7 (Paris: Vrin, 1936), 231–323 (Robert Basevorn, *Forma praedicandi*), 324–403 (Thomas Waleys, *De modo componendi sermones*).

を反映した論考であると証明した[17]。以下では、このベイスヴォーン
の『説教形式』から引用する。ウェイリーズが、ベイスヴォーンと
認識と一にしていることは、後述する彼自身の言葉によって示した
い[18]。

　『説教形式』の第 1 章で、説教の定義が述べられている。

　　まず「説教 praedicatio」とは何かを示さなければならない。説教
　　とは、適度な時間内で、称賛に値する行いをするよう多くの人び
　　とに対する説得をおこなうことである。なぜなら、ある人が質問、
　　それも神学的な問いを「見極める determinant」とき、そのような「見
　　極め determinatio」は説教ではない。というのは、それは説得を意
　　図したものではなく、真理の追究だからである。[また] 一人また
　　は二人に対して善行を勧めるとき、それは正しくは「説教」では
　　なく「諭し、あるいは戒め monitio vel collatio」である[19]。

ここで重要なのは、「見極め」と「諭し、あるいは戒め」という、
説教とは区別される別の 2 つの行為と対比する形で説教が定義され
ている点である。第一に、説教は説得であって、真理を究明するも
のとしての「見極め」ではない。第二に、説教は一人や二人ではなく、
多くの人に伝えられなければならない。言い換えれば「諭しあるい
は戒め」のような個人的な教授ではなく「公に説教すること」(publice

17 Yuichi Akae, *A Mendicant Sermon Collection from Composition to Reception: The "Novum opus dominicale" of John Waldeby, OESA* (Turnhout: Brepols, 2015) (esp. in Chapter 4); id., "Between *artes praedicandi* and Actual Sermons: Robert of Basevorn's *Forma praedicandi* and the Sermons of John Waldeby OESA," in *Constructing the Medieval Sermon,* ed. Roger Andersson (Turnhout: Brepols, 2007), 9–31.

18 注 44 を参照。

19 "Ostendum est imprimis quid est *praedicatio. Est autem praedicatio pluribus facta persuasio ad merendum, moderatum tempus retinens.* Nam, quando aliqui determinant quaestiones, etiam theologicas, talis *determinatio* non est praedicatio, quia non est persuasio ex intentione, sed magis veritatis inquisitio. Quando aliquis hortatur unum vel duo ad bonum, non dicitur proprie praedicatio, sed *monitio vel collatio* vel aliquid tale": *Forma preadicandi,* 238.

praedicare）である[20]。同じ考え方や説教の定義が、説教術書ジャンルの最初の著作である、12 世紀末のリールのアラヌスの『説教術』にも見られる。すなわち、

> 説教とは、信仰と行動についての明確で公的な指導であり、その目的は人間の形成であり、それは理性の道から、また「権威ある著作」の泉から導かれるものである[21]。

さらに教皇インノケンティウス 3 世もある書簡の中で同じ考えを述べ、それは『グレゴリウス 9 世教令集』に収録された[22]。したがって、後述するように、この考えは他の同時代の説教者や神学者にも共有されているのは不思議ではない。

では、説教の職は誰に委ねられるのか。この問題を扱う『説教形式』第 2 章と第 3 章は、説教が委ねられる存在として 2 つの集団に言及する[23]。それは、任務としての説教者（ex officio）と、委託による説教者（ex commissione）である。前者は、在俗聖職者、すなわち「教皇、枢機卿、司教、および通常の裁治権によって［俗人の］魂の世話を

---

20 Cf. 'Tamen tenendum est quod eorum officio annexum est *publice praedicare et occulte docere,* praecipue articulos fidei et praecepta': *Forma preadicandi,* ch. 4, 242. 訳：「特に信仰箇条と十戒を<u>公的に説教すること</u>と<u>私的に教える</u>ことは、彼らの任務と結びついていることを心に留めておかねばならない」（強調は筆者）。

21 "Praedicatio est, *manifesta et publica instructio morum et fidei,* informationi hominum deserviens, ex rationum semita, et auctoritatum fonte proveniens": Alanus de Insulis, *Ars praedicandi,* in J.-P Migne ed., *Patrologia cursus completus, series latina,* 210, coll. 109–98 (here col. 111). Kienzle, "Preaching as Touchstone of Orthodoxy and Dissidence," 28.

22 "[P]er hoc manifeste denuncians, quod evangelica predicatio non in occultis conventiculis, sicut heretici faciunt, sed in ecclesiis iuxta morem catholicum est publice proponenda": *Die Register Innocenz' III,* ed. Othmar Hageneder and Anton Haidacher (Graz: H. Böhlau, 1964–): II: *Pontifikatjahr, 1199/1200: Texte,* ed. Othmar Hageneder, Werner Maleczek, and Alfred A. Strnad (Rome: Verlag der österreichischen Akademie der Wissenschaften, 1979), no. 132 (141) (July 1199): 271–5 (here 272). 収められた教会法の箇所は *Corpus Iuris canonici,* X 5.7.12. ベイスヴォーンはこの箇所に言及している。注 25 参照。

23 *Forma praedicandi,* 239–40.

する者たち」である。後者は「彼らに与えられた特権によって［説教者と］定められた修道者」である[24]。逆に、説教してはならない人々についての言及もある。

> 司教や教皇の許可がない限り、平信徒や修道者は説教をしてはならず、また、どんなに学識があっても聖人のようであっても、女性は説教をしてはならない。また、明確に証明しない限り、神に委託されたと言うだけでは不十分である。というのは異端者はこのような主張をするのが常であるためである。教会法 X 5.7.12 'Cum ex injuncto' および 5.7.14 'Sicut'。［……］教会の立法者の意図は、誤りを教えないようにすることである。そのような人びとが無頓着に説教するならば、多くの誤りを教えるのは間違いない[25]。

このように、説教の許可が与えられるのは、説教の誤りを避けることができると判断されるからなのである。

では、どのような形で説教をすればよいのか。当時、高度な教育を受けた説教者のあいだでは「新説教」形式を用いるという事実上のコンセンサスがあった。「新説教」形式は、12 世紀末に発展しはじめたもので、托鉢修道士や大学の登場によってさらに発展し、13

---

24 "Praedicator ex officio est Papa, Cardinales, Episcopi et curam habentes animarum, et hoc ex ordinaria jurisdictione; et ex commissione religiosi, secundum privilegia eis indulta instituti; etsi nunquam praedicent; sed tunc non merentur aureolam doctorum, quamvis etiam voluntatem habuerint quod praedicassent nisi fuissent impediti. Voluntati enim correspondet aurea vel palma, operi aureola. Praedicator ex exercitio est qui frequenter praedicat": *Forma praedicandi*, ch. 4, 239.

25 'Nullus laicus vel religiosus, nisi per episcopum vel papam licentiatus, nec mulier quantumcumque docta et sancta, praedicare debet. Nec sufficit alicui dicere quod sit a Deo missus, nisi hoc manifeste ostendat quia hoc solent haeretici dicere. *Corpus Iuris canonici*, X 5.7.12 "*Cum ex injuncto*" and 5.7.14 "*Sicut.*" [...] Intendit enim vitare ne errores doceantur. Quod si indifferenter tales praedicent, non est dubium quin multos errores docent': *Forma praedicandi*, 241–2.

世紀末までにはよりいっそう形式を整えたものとなっていた[26]。「新説教」形式は、聖書からとられた一文である主題 thema をしばしばいくつかの部分に分割し、それを詳しく論じる。他方、新説教以前から存在し、頻度は低いものの使われ続けていた「旧説教」形式は、聖書のまとまった箇所全体を逐条的に解釈する形をとっている[27]。

2. ヨハネス 22 世の至福直観に関する説教

　以上を踏まえて、教皇の至福直観に関する説教についての説教を検討してみよう。ヨハネスがこの教説についての説教をおこなったのは、表 1 にあるように、1331 年から 1332 年あるいはその翌年にかけての計 6 回である[28]。

　ここでは、第一と第二の説教を検討する。というのは、この 2 つのあいだには決定的な違いがあるからである。この 6 回の説教のうち、1332 年初頭の 3 回分の説教（第三から第五）は、ヨハネス 22 世と対立し、神聖ローマ皇帝ルートヴィヒ 4 世のミュンヘン宮廷に逃れていた者たち——ウィリアム・オッカムを筆頭とする——の手で部分的に保存されている。ただし、オッカムが反ヨハネスであるからという理由で、これらの説教の記述を完全に無視することは間違っている。

　先に述べたように、それぞれの説教はそれぞれが別個の出来事である。論争に関わった多くの者たち——ウェイリーズやオッカムを含め——がそれらの説教の場に必ずしも居合わせていたわけではな

26　赤江雄一「語的一致と葛藤する説教理論家——中世後期の説教における聖書の引用」ヒロ・ヒライ／小澤実編『知のミクロコスモス——中世・ルネサンスのインテレクチュアル・ヒストリー』（中央公論新社、2014 年）14–41（16–17 掲載の図）および前掲注 14 参照。

27　Helen Spencer, *English Preaching in the Late Middle Ages* (Oxford: Clarendon Press, 1993), 236; Akae, *A Mendicant Sermon Collection,* 107–8.

28　以下ではヨハネスの説教のテクストは以下の校訂版を用いる。しかしテクストのレイアウトは後述のとおり変更する。Dykmans, *Les sermons de Jean XXII sur la vision béatifique,* 93–161.

1	1331 年 11 月 1 日	万聖節
2	1331 年 12 月 15 日	待降節第 3 日曜日
3	1332 年 1 月 5 日	御公現の祝日の前夜祭
4	1332 年 2 月 2 日	聖母マリアの清めの祝日／ キャンドルマス
5	1332 年 3 月 25 日または 1333 年 3 月 25 日	聖母マリアの受胎告知の祝日
6	1332 年 5 月 28 日または 1333 年 5 月 13 日	昇天節

表 1　ヨハネス 22 世の至福直観についての説教

いことも事実である。彼らは、その場にいた人からその説教につい
て聞いたのかもしれないが、オッカムが自らの論説で引用している
ように、彼らはヨハネス 22 世の説教の報告を「読んだ」可能性が高い。
教皇の記録簿の記載が示すように、教皇自身が自分の（少なくとも
最初の 2 つの）説教（sermones）のテキストを書き写させ広めるよう
にしていたのである[29]。現存するテキストを含む写本は、説教がおこ
なわれた場所や聴衆の状況について必ずしも明示的な情報を提供し
ていないが、後述するように、テキストの修辞的な構造は、それが
説教であることを明示している。

　1331 年の万聖節に語られた至福直観に関するヨハネスの第一の説
教は、前述した「新説教」形式を採用している。冒頭の主題はマカ

---

[29] Francisco Ehrle, *Historia bibliothecae Romanorum pontificum* (Rome: Bibliotheca vaticana, 1890), I, 151: "Die XIII ianuarii [1332] pro quatuor duodenis pergamenorum edulinorum maxime forme emptorum per dominum Philippum de Revesto scriptorem domini pape, pro transcribendis *sermonibus factis per dominum nostrum papam,* solvimus dicto domino Philippo — IIII sol. turonensium grossorum." 訳：「教皇がおこ なった説教を書き写すために、教皇書記レヴェストのフィリップによって購入さ れた子ヤギのなめし革特大サイズ 48 枚の代金として、1332 年 1 月 12 日にトゥー ルのグロッソ貨で 4 ソリドゥスを返済する。」Cf. Dykmans, *Les sermons de Jean XXII sur la vision béatifique,* 75.

バイ記一2章51節からとられている。この説教の冒頭部分を以下
引用する。ここでは伝統的な校訂形式よりも説教の構成要素を際立
たせるようにレイアウトしている。主題は聖書の本文の引用を示す
ために太字とする。説教の基本テキストである主題は、論点を根拠
づけるテクストとして用いられる他の聖書のテキストよりも重要で
あるためである[30]。

**「我らの先祖がそれぞれの時代になした業を思い起こせ。そうすれ
ばお前たちは、大いなる栄光と永遠の名を受け継ぐことになる」。**
マカバイ記一2章［51節］。

　［クレルヴォーの］聖ベルナルドゥスは、この祝日［万聖節］の
ためのある説教の中で以下のように述べています。

　「この言葉は真実であり、そのまま受け入れるに値します」［テ
モテへの手紙一4章9節］。それらの言葉を私たちは厳粛な崇敬の
念をもって追い求め、同様の方法でそれらの言葉に従い、それら
のもっとも神聖な言葉を説教し、切実な願望をもってその至福に
向かって急ぎます。それらの賛美で私たちは喜び、それらの加護
によってに助けられるでしょう[31]。

　しかし、これら［「**栄光**」と「**永遠の名**」］を得ることについて、
私は、提示された御言葉において以下のように勧めます。すなわち、
私たちより先に生きた聖なる教父たちの徳ある行いを記憶にとど
めておくように、と。そうでなければ、彼らの働きをどのように
真似ればよいかわからないからです。

　そのため、提示された御言葉のなかには、何かをするよう人を
駆り立てがちな2つのことに触れています。たとえば、人間は他
人のために何か仕事をすることが常ですが、それは

30　Eyal Poleg, *Approaching the Bible in Medieval England* (Manchester: Manchester University Press, 2013), 164, 279–84.

31　Bernard, *In fest. Omnium Sanctorum,* sermo 2.1, in *Sancti Bernardi Opera,* 8 vols (Rome, 1957–77): V (1968), ed. J. Leclercq and J.M. Rochais, 370–98 (here 342).

　　［第一に］その仕事の名誉のため、あるいは

　　「第二に」その仕事の有用性のためです。

そして、この 2 点は私たちの主題の言葉の中で触れられているのです。というのは

　　［第一に］仕事の名誉については以下のように［主題のなかで］言われています。「**我らの先祖がそれぞれの時代になした業を思い起こせ。**」

　　第二に［仕事の］明確な有用性が言及されています。［主題の］最後にこう付け加えられているように。すなわち「**そうすればお前たちは、［大いなる］栄光と永遠の名を受け継ぐことになる**」と。

この引用から明らかなのは、ヨハネス 22 世がこの時代の「新説教」の標準的な手順に従っている点である。説教術書で用いられる用語を用いて説明するならば、教皇はまず「主題」で説教をはじめ、続いてクレルヴォーのベルナルドゥスの説教を引用した「前置き」を述べ、次に、主題から導かれる 2 つの「語釈」（引用中で下線を引いて示してある「その仕事の名誉のため」と「その仕事の有用性のため」）を述べ、最後に、それぞれの語釈を、前後に分割した主題のそれぞれの部分に対応させているからである。

　この冒頭部に続く本論で、ヨハネスは自分の主張を裏付けるために、ベルナルドゥスやアウグスティヌス、そして聖書の章節を広範囲に引用しているが、内容の分析は先行研究に譲ろう[32]。ここで重要なのは、この説教では一貫して、教皇は説教術書にある説教形式を守り、権威ある説教者として説教を語っている点である。

　教皇は、第一の説教から 1 ヶ月半後の待降節第 3 日曜日（1331 年 12 月 15 日）に、関連説教のなかではもっとも（そして圧倒的に）長い第二の説教を行った[33]。説教の本論は尋常ではない長さだが、この

32　前掲注 10 参照。

33　Dykmans, *Les sermons de Jean XXII sur la vision béatifique*, 100–43.

説教の冒頭部は第一の説教よりもシンプルである。

> **「主において常に喜びなさい。重ねて言います。喜びなさい。**フィリピの信徒への手紙4章［4節］。
>
> 親愛なる皆さん。ご存知のように、聖なる母なる教会は、この時期［待降節］に、私たちの主イエス・キリストの到来／降臨（adventus）を以下の2つの意味で記憶し尊重しています。すなわち
>
> ［第一に］<u>キリストの受肉の到来（adventus）</u>について、そして
>
> ［第二に］<u>この世の終わりにやってくる最後の審判の到来（adventus）</u>についてです。
>
> 後者の到来について、聖なる母なる教会は［待降節の］第1日曜日に言及します。しかし、前者については、待降節の第2日曜日に言及します。これらの到来のいずれについても、私たちに大きな喜びが用意されているからです。それゆえ、今日、聖なる母なる教会は、これらの到来の両方について、二重の喜びに私たちを招いています。「**主において［常に］喜びなさい**」などと［主題が］言っているように。
>
> 私は、後者から、つまりキリストの最後の審判への到来について最初に触れ、その後、時間が許せば前者について考えます[34]。

この説教の冒頭部は、当時の「新説教」形式の最小限のかたちをとっている。引用中で下線を引いた2つの「語釈」（「キリストの受肉の到来」「この世の終わりにやってくる最後の審判の到来」）が提示されるが、主題の分割はされていない。引用部の最後にあるように、この説教の重点は後者であり、その「最後の審判」と密接に結びついた至福直観について論じる意図が明らかである。実際、この引用直後から続く説教の長大な本論では、彼の理解を支持する聖書や教父

---

34 Dykmans, *Les sermons de Jean XXII sur la vision béatifique,* 100.

の権威が延々と積み重ねられているのである。

　しかし、その長さもさることながら、この説教でもっとも特徴的なのは、一連の諸権威を引用する途中で、アウグスティヌスの『三位一体論』（I, 8）の言葉を引きながら、次のように述べる部分である。すなわち、

　　もし私がここで誤っているならば、よりよく知っている者が私を正してください。私には違うものは見えないが[35]。

ヨハネスは、この説教の最後の祈りの言葉の直前でも、同じ言葉を繰り返している。

　　何と言えばいいのでしょう。私は、この問題についてアウグスティヌスが言っていること以外には知りません。したがって、私は、裁き［最後の審判］が終わるまで、魂が神を見ることはないと考えますが、アウグスティヌスとともに言います。すなわち「もし私がここで誤っているならば、よりよく知っている者が私を正してください。私には違うものは見えないが」。とはいえ、先に述べたこと以上に明確にこのことを述べている、上記とは反対の教会の見極め determinatio Ecclesiae contraria や聖書の権威が示されれば話は別です[36]。

ここでは、アウグスティヌスの権威に訴えつつ、教皇は謙虚さと知

35　"Si decipior hic, corrigat qui melius sapit. Si decipior hic, corrigat qui melius sapit. Michi aliud non videtur": Dykmans, *Les sermons de Jean XXII sur la vision béatifique*, 120.

36　'Quid ergo dicemus? Nescio aliter quam Augustinus dicit in materia ista. Unde, non video adhuc quod animae videant divinitatem usque post iudicium, sed dico cum Augustino, quod: "Si decipior hic, qui melius sapit corrigat me. Michi aliud non videtur", nisi ostenderetur determinatio Ecclesiae contraria vel auctoritates sacrae scripturae quae hoc clarius dicerent quam dicant supradicta': Dykmans, *Les sermons de Jean XXII sur la vision béatifique*, 138–39.

的開放性を示していると理解できるし、後述するように、それが教皇の意図であった可能性は高い[37]。しかし、この発言が尋常ではない点は、どんなに強調しても足りないほどである（先行研究はこの発言に留意はしてきているが、その異常さを十分に認識してきていない）[38]。すでに検討したように、当時、説教とは「信仰と行動についての明確で公的な指導」であり、誤った教えを避けなければならない、非常に用心して護られるべき職責だという認識が存在していた[39]。ヨハネスの教えに同意しない者は彼らが誤っていると考えるこの説教の内容に反発したであろう。しかし、それに加えて説教の任務を重んじる人々は、ヨハネス 22 世の第二の説教には、説教者としての確固たる姿勢が見られない点にも落胆した可能性がある。すなわち、彼らにとって、この教皇は誤った教えを説くだけでなく、説教者として権威ある姿を示すことにも失敗しており、二重の意味で説教者の職務を軽んじているように映ったのではないか。

　その点で、万聖節に語られた第一の説教は、第二の説教に比較すれば、まだ問題は少なかった。というのは、たとえメッセージが「間違った」ものであったとしても、教皇は説教者の権威を行使しており、少なくとも説教の職責をより真剣に果たしていたからである。もちろん説教で教える教説が誤っていたのであれば、それだけで十分に深刻な問題ではあるのだが。

3. 説教者としての教皇を批判する者たち

　以上述べた理解の根拠となるのが、この論争における教皇に対する 2 人の批判者である。第二の説教におけるヨハネス 22 世とは対

37　注 51 参照。

38　Iribarren, 'Theological Authority', 287, n. 30 では「開かれた議論を促す言葉が、事実上ヨハネスの至福直観に関するすべての説教にみられる」と述べられているが、ここで見ているように第一の説教には含まれていない点が見逃されている。

39　前掲注 21 参照。

照的な説教者像を示すのが、ドミニコ会士トーマス・ウェイリーズ
である。彼は 1333 年 1 月 17 日にアヴィニョンで教皇の考えに反対
する説教をおこなった[40]。この説教を彼自身が書き起こしたテクスト
が残っている（自筆ではないが）。主題として「知恵と理解の霊で彼
を満たしてくださる」（シラ書 15 章 5 節）を選んだこの説教のなかで、
ウェィリーズは、福音書記者であり預言者であり純潔と慈愛におい
て秀でた使徒ヨハネが、3 つの点で他の聖人を凌駕していると訴え
る。すなわち「豊富な功徳の完成において」、「秘密の好ましい啓示
において」、「天上の栄光の観想において」である[41]。主題を展開する
説教の冒頭部分は、生粋の神学者ではなく法学者として訓練された
ヨハネス 22 世の第一の説教に比べてはるかに複雑である。

　この説教で、上記 3 つのうち最初の 2 つの論点を論じている部分
は、フランシスコ会の清貧論へのいくつかの鋭い言及を除けば、穏
やかに進行していた。しかし、第三の語釈である「天上の栄光の観想」
とその帰結である「視覚の美」（speciei pulchritude）が、教皇の至福
直観の考えを非難するきっかけとなったのである。この部分で、ウェ
イリーズは、論敵の 9 つの議論を検討し批判する。批判の対象には、
教皇自身が述べたものだけでなく、教皇の支持者たち、特にフラン
シスコ会士多数派の主張も含まれていた。さらに非難の的は、教皇
を支持する者たちが、教皇に真実を告げる勇気がない点にも向けら
れる。教皇がいうことになんであれ「そのとおりです」と言ってお
けば、教皇に嘆願書を提出したときに教皇がそれを認めてくれるか
らだ。

　　もし、あなたたちの誰かがこう言うなら、私は以下のように答
　えるでしょう。「こう言う人には私は尋ねます。「それを信じるよ
　うに、あなたをより促す聖人の権威とは何ですか」と。彼はたぶ

40　Kaeppeli, *Le procès contre Thomas Waleys O.P.*, 93–108.

41　"Perfectione meritorum copiosa," "Revelatione secretorum gratiosa," "Contemplatione
　supernorum gloriosa": Kaeppeli, *Le procès contre Thomas Waleys O.P*, 94, ll. 27–29.

んこう答えるでしょう。「ベルナルドゥスの権威、あるいはグレゴリウスの権威、あるいは別の聖人の権威です」と。

それに私はこういうでしょう。「猊下。あなたさまは真実を述べておられず、詩編作者によって繰り返し言われた短い言葉を述べていらっしゃる。すなわち「それでよし」「それでよし」(fiat, fiat) とばかり言っておられるのです。たとえば「教皇聖下、あなたの信心深い子が、かくかくしかじかの件で嘆願申し上げます。」「それでよし (fiat)」[と教皇が言われるように]。同様に「もう一度の読みなしでよし(再度の検討の必要なし)」[42]。したがって「それでよし」。見よ、この「それでよし、それでよし」という言葉を。

これについて私は私の国イングランドでのことを付け加えましょう。私の国では誰かが破門を宣告された場合には、その判決文の最後に皆が「それでよし、それでよし、アーメン」と唱和するのです。

私は神に願います。「そうであれ、そうであれ、アーメン」という父なる神の破門宣告が、そのような [よこしまな] 動機で自分が信じている真実を否定するような人のあたまのうえに下るように。詩編 [105章48節] には以下のようにあります。「民は皆、それでよし、それでよし、アーメン、と答えよ」と[43]。

教皇の支持者たちに対するこうした批判があまりにもどぎついものだったために、聴衆のフランシスコ会士たちは怒り狂い、ウェイリーズは説教のあとに異端審問官によって投獄された。そしてウェイリーズは、自らのおこなった説教を書き記して提出するよう命令されたのである。いま引用したのは、そうして書き上げられたテク

---

42 「もう一度の読みなしでよし」という言い回しは「教皇が当該の嘆願を再検討する必要がない」、すなわち、それを聞き入れるという意味を表す。P. A. Linehan and P. N. R. Zutshi, "Fiat A: The Earliest Known Roll of Petitions Signed by the Pope (1307)," *English Historical Review* 122 (2007): 998–1015.

43 Kaeppeli, *Le procès contre Thomas Waleys O.P.*, 105.

ストに基づく。注目したいのは、この説教の末尾に、ウェイリーズ
が記した覚え書きである。

　　私、イングランド人の修道士トマス・ウェイリーズは、前述の事
　柄を多くの人々の前で公に説教した（predicavi public）。その弁明
　として次のように述べる。すなわち、聖人たちの魂は復活よりも
　前に神に面と向かって相まみえることはないという意見は、そう
　いう［ヨハネス 22 世による説教、あるいは教皇の考えに賛成した
　フランシスコ会士によってなされた別の］説教によって神の教会
　のほぼ全体が衝撃を受けたのと同じくらい、明らかに危険で容認
　しがたい誤りであるのか否か。もし誤りであるのならば、そのよ
　うに考える良心に促されて私は説教したのであるから、私は許さ
　れるべきだと思われる。もし誤りではないということであれば、
　どの裁判官であれ、彼が私に課すであろうあらゆる罰に耐える用
　意がある[44]。

　この箇所は、彼の説教者としての信念と誇りをよくあらわしてい
る。ウェイリーズは、説教術書の書き手たちが本物の説教者に期待
するように、説教者の職責と権威を意識しているのである[45]。
　もうひとつの批判は、ヨハネス 22 世が 1334 年に死んだ後に、ウィ
リアム・オッカムによって著され、現在では「ヨハネスを駁する論考」
という題名で知られている文章に見いだされる[46]。この著作の冒頭で

---

44 "Ego frater Thomas Waleys, anglicus, *predicavi publice* predicta coram multis, et in
　excusacionem mei dico sic: aut opinio, que dicit animas sanctorum ante resurreccionem
　non videre deum facialiter, est error manifestus, periculosus et scandalosus, utpote de
　cuius predicacione iam tota quasi ecclesia dei scandalizatur, aut non. Si sic, videtur
　quod debeam excusari, quia urgente me consciencia talia predicavi; si non, paratus sum,
　omnem penam subire, mihi a quocumque iudice imponendam": Kaeppeli, *Le procès
　contre Thomas Waleys O.P.*, 108（イタリックでの強調は筆者）.
45 前掲注 21 から 25 参照。
46 この著作はパリ国立図書館（BNF）の一写本でのみ残っている。BNF, MS
　lat. 3387 (fos. 175r–214r).

オッカムは、至福直観について自説を撤回した教皇が、死の床での
信仰告白で主張した内容を批判する。オッカムが教皇に対してむけ
る第一の批判が、説教に関するものである。オッカムはヨハネスの
言を引用して、ヨハネスがそれまでに言われていたことを「繰り返
しただけである」(solummodo recitando) と述べた点を攻撃する[47]。オッ
カムは、神を直接見るのは最後の審判まで待たなければならないと
いう考えは教皇自身のものであり、教皇はそのことを「公に説教し
た」(publice praedicavit) と述べる[48]。続けて彼は以下のように言う。

　　現在のところ、彼が公に説いた説教によって、またある種の真実
　　性（ベリシミリチュード）によって、以下のこと、すなわち、肉体
　　から切り離された浄化された魂は神の本質を見ておらず、最後の
　　審判の日までに魂が神の本質を見ることはないことを、彼が断言
　　的かつ肯定的に教えていたことはすぐに証明されるはずである[49]。

　前述したベイスヴォーンのロバート、トマス・ウェイリーズ、ウィ
リアム・オッカムがみな「公に説教する praedicare publice」という
言葉を使っている点は興味深い。重要なのは、これとは他の点では、
この3人は立場を異にしていることである。まず、ベイスヴォーン
のロバートは、ウェイリーズやオッカムとは異なり、この論争にまっ

47　"In quibus verbis duo principaliter insinuare videtur. Quorum primum est sua de
visione animarum purgatarum a corporibus separatarum confessio. Secundum est eius
assertio quod omnia quae dixerat, praedicaverat seu scripserat praescriptae confessioni
contraria, dixerat, praedicaverat seu scripserat *solummodo recitando*": "Tractatus contra
Iohannem XXII," ed. Offler, Cap. 1, 30 (強調は筆者).

48　"De qua asserunt fidedigni quod apertam continet falsitatem, dicentes quod ipsi fuerunt
praesentes quando Ioannes XXII *publice praedicavit* asserendo, quod animae sanctorum
in caelo non vident divinam essen tiam, nec videbunt usque ad diem iudicii generalis;
plures etiam dicunt expresse quod eis in camera sua seorsum expressit, quod illa erat
opinio sua": "Tractatus contra Iohannem XXII," ed. Offler, Cap. 1, 30 (強調は筆者).

49　"[A]d praesens per sermones suos, quos publice praedicavit, et per quasdem
verisimilitudines breviter est probandum quod asserendo et affirmando docuit animas
purgatas a corporibus separatas divinam essentiam non videre, nec ante diem generalis
iudicii esse visuras": "Tractatus contra Iohannem XXII," ed. Offler, Cap. 1, 30–31.

たく関わっていない（少なくとも関わっていた形跡はまったくない）。
彼は単純に当時説教規範を論じているのであり、その規範を共有す
るウェイリーズやオッカムはヨハネスに対する批判を繰り出してい
る。そのウェイリーズやオッカムだが、ドミニコ会士ウェイリーズ
が、オッカムの奉じる清貧論について意見を同じくすることはあり
えない。さらに興味深いのは、オッカムが『論考』の中で、至福直
観に関する教皇のその後の説教（第三から第五）を部分的に引用する
とき、その引用箇所はいずれも「よく知っている者が私を正すよう
に」（Et qui melius sapit me corrigat）、という言葉を含んでいる点であ
る[50]。この言葉はオッカムにとって特に印象的だったのだろう。

おわりに

　話をヨハネス 22 世自身に戻すと、1331 年 12 月から翌年初頭に語
られた第二から第五の説教において、ヨハネスは、彼を批判する者
たちとはまったく異なる視点で状況を見ていた可能性が高い。すな
わち第二の説教以降でアウグスティヌスの言葉を引用するとき、教
皇は、ベイスヴォーンが説教とは区別され異なると考えている活動、
すなわち、真理の探究としての「見極め」（determinatio）に自分は従
事していると考えていたに違いない[51]。リチャード・サザンが述べて
いるように、これが彼の通常の仕事の流儀であった。

　　1321 年までに［……］彼が結論した点は、主に学校で生じたが、
　　そこから広く世界に広がっていった論争的な問題について、権威
　　ある見極めを得るための唯一の方法は［……］長い議論の過程か
　　ら受け入れ可能な解決策を見いだす古いスコラ学的手続きを断ち
　　切り，意思決定プロセスを教皇庁に集中させることだった。［……］

50　Dykmans, *Les sermons de Jean XXII sur la vision béatifique,* 148, n. 3–4（第三の説教）；
　　152, l. 20（第四の説教）；156, n. 12–13（第五の説教）．

51　前掲注 37 参照。

彼は、自分が認める神学者たちをアヴィニョンに呼び寄せて留まらせ、教皇庁の神学的リソースを強化し、信頼できる人物を委員長とする委員会を設置し、自ら質問を投げかけ、論争となっている問題について個別に報告を求め、受け取った報告書を読んでコメントした。そういう証拠が数多くある。つまり、その職業的な「座」が同時に聖ペテロの教皇の「座」でもある学校の校長として彼は振る舞ったのである。教師が自らの立場（「座」）において自分の学校で判断を下すということは、少なくともその教師自身の教え子に関する限りは常に司法的な側面を持っていた。しかし、アヴィニョン［教皇庁］では司法的機能と行政的機能が完全に統合され、その学校がキリスト教世界となったのである[52]。

　至福直観に関する第二の説教において、ヨハネスは、彼には教義上の未決定事項と思われるものについて議論していた。この引用で言われているようなオープンな議論に適した、あるいはそうした議論が歓迎される場は、見極めの場である委員会であればよかったのだが、そうした議論を、至福直観については客観的には「説教」という場と形式のなかでおこなっていた点が問題なのである。
　なお、先行研究は「教皇は説教の中で、ローマ司教としてではなく、個人として話していることを繰り返し明らかにしていたと理解されている」と述べる[53]。確かに、そのように理解されてきたことは事実だが、前述したように、ヨハネス22世が「異端的」な説教をした可能性があるという非難は、彼が「ローマ司教としてではなく、個人として語っていた」と言うのではかわすことができない。たとえ個人として説教したとしても、説教において間違った教義を教えたり、揺らいでいるような振る舞いで説教の職責を損なうことは許されないからである。

52 R. W. Southern, "The Changing Role of the Universities in Europe," *Historical Research* 60 (1987): 133–46 (here 145–46).
53 Iribarren, "Theological Authority," 287.

　ヨハネス 22 世の至福直観に関する説教は、その神学的内容だけでなく、コミュニケーションの媒体としても、学識ある説教者に衝撃を与えた。説教の任務を重んずる批判者からみれば、ヨハネスは、説教者に託された「ことばの力」の重さについての認識を欠いていた。カトリック世界においてもっとも重要な説教者であるはずの教皇がその認識を欠き、揺らぐ言葉によって説教者自体の権威をも損ねた。至福直観をめぐるヨハネスの説教が引き起こした波紋の大きさは、当時の説教における「ことばの力」の大きさを示している。

参考文献

赤江雄一「中世ヨーロッパの「マス・メディア」――説教集を読む視角と方法」『創文』第 498 号、創文社、2007 年 6 月、10-14。

赤江雄一「西洋中世における説教術書の伝統生成――説教術書は制度的ジャンルか」赤江雄一・岩波敦子編『中世ヨーロッパの伝統――テクストの生成と運動』慶應義塾大学出版会、2022 年、3-20。

赤江雄一「語的一致と葛藤する説教理論家――中世後期の説教における聖書の引用」ヒロ・ヒライ／小澤実編『知のミクロコスモス――中世・ルネサンスのインテレクチュアル・ヒストリー』中央公論新社、2014 年、14-41。

小林公『ウィリアム・オッカム研究――政治思想と神学思想』勁草書房、2015 年。

G・バラクロウ、藤崎衛訳『中世教皇史 [改訂増補版]』八坂書房、2021 年。

Akae, Yuichi. *A Mendicant Sermon Collection from Composition to Reception: The "Novum opus dominicale" of John Waldeby, OESA*. Turnhout: Brepols, 2015.

――――― "Between *artes praedicandi* and Actual Sermons: Robert of Basevorn's *Forma praedicandi* and the Sermons of John Waldeby OESA," In *Constructing the Medieval Sermon*, edited by Roger Andersson, 9–31. Turnhout: Brepols, 2007.

Alanus de Insulis, *Ars praedicandi*, In Vol. 210 of *Patrologia cursus completus, series latina*, edited by J.-P Migne, coll. 109–98. Paris: Imprimerie Catholique, 1855.

Basevorn, Robert, *Forma praedicandi*. In *Artes praedicandi: Contribution à l'histoire de la rhétorique au Moyen Âge*, edited by T-M. Charland, 231–323. Paris: Vrin, 1936.

Bernard. *In fest. Omnium Sanctorum, sermo* 2.1. In Vol. 5 of *Sancti Bernardi Opera*, edited by J. Leclercq and J.M. Rochais, 370–98. Rome: Editiones Cistercienses, 1968.

Charland, T-M., *Artes praedicandi: Contribution à l'histoire de la rhétorique au Moyen Âge*. Paris: Vrin, 1936.

Dykmans, Marc, ed. *Les sermons de Jean XXII sur la vision béatifique: texte précédé d'une introduction et suivi d'une chronologie de la controverse avec la liste des écrits pour et contre le Pape*. Rome: Università Gregoriana, 1973.

Ehrle, Francisco. *Historia bibliothecae Romanorum pontiﬁ̃cum.* Rome: Bibliotheca vaticana, 1890.

Innocent III, *Pontifikatjahr, 1199/1200: Texte*, edited by Othmar Hageneder, Werner Maleczek and Alfred A. Strnad. Vol. 2 of *Die Register Innocenz' III*, edited by Othmar Hageneder, and Anton Haidacher. Rome: Verlag der österreichischen Akademie der Wissenschaften, 1979.

Iribarren, Isabel. "Theological Authority at the Papal Court in Avignon: The Beatific Vision Controversy." In *La vie culturelle, intellectuelle et scientifique à la cour des papes d'Avignon,* edited by J. Hamesse, 277–301. Turnhout: Brepols, 2005.

————— "Ockham and the Avignon Papacy: The Controversy with John XXII, Benedict XII, and Clement VI." In *A Companion to Responses to Ockham*, edited by Christian Rode, 334–64. Leiden: Brill, 2016.

Kaeppeli, Th. *Le procès contre Thomas Waleys O.P.: Ètude et documents.* Rome: Istituto storico domenicano S. Sabina, 1936.

Kienzle, Beverly. "Preaching as Touchstone of Orthodoxy and Dissidence in the

Middle Ages," *Medieval Sermon Studies* 43 (1999): 19–54.

Linehan, P. A., and P. N. R. Zutshi. "Fiat A: The Earliest Known Roll of Petitions Signed by the Pope (1307)." *English Historical Review* 122 (2007): 998–1015.

Morris, C. *The Papal Monarchy: The Western Church from 1050 to 1250*. Oxford: Clarendon Press, 1989.

Muessig, Carolyn. "Sermon, Preacher and Society in the Middle Ages." *Journal of Medieval History* 28 (2002): 73–91.

Ockham, William. "Tractatus contra Iohannem XXII." In *Guillelmi de Ockham Opera Politica*, edited by R. F. Bennett, and H.S. Offler, 19–156. Vol. 3 of *Guillelmi de Ockham Opera Politica,* edited by H.S. Offler. Manchester: Manchester University Press, 1940–1963 (1956).

Poleg, Eyal. *Approaching the Bible in Medieval England*. Manchester: Manchester University Press, 2013.

Smalley, Beryl. "Thomas Waleys O.P." *Archivum Fratrum Praedicatorum* 24 (1954): 50–57.

Southern, R. W. "The Changing Role of the Universities in Europe." *Historical Research* 60 (1987): 133–46.

Spencer, Helen. *English Preaching in the Late Middle Ages*. Oxford: Clarendon Press, 1993.

Trottmann, Christian. *La vision béatifique, des disputes scholastiques à sa définition par Benoît XII*. Rome: Écoles françaises d'Athènes et de Rome, 1995.

———. "Deux interprétations contradictoires de Saint Bernard: les sermons de Jean XXII sur la vision béatifique et les traités inédits du cardinal Jacques Fournier." *Mélanges de l'Ecole française de Rome. Moyen Âge* 105.1 (1993): 327–79.

Waleys, Thomas. *De modo componendi sermones. In Artes praedicandi: Contribution à l'histoire de la rhétorique au Moyen Âge*, edited by T-M. Charland, 324–403. Paris: Vrin, 1936.

Wenzel, Siegfried. *Medieval "Artes Praedicandi": A Synthesis of Scholastic Sermon*

Structure. Toronto: Pontifical Institute of Mediaeval Studies, 2015.

神のことばを神学する
——その展開および限界に関する一考察——

加納 和寛

> 神の国は、言葉ではなく力にあるのです。あなたがたが望むのはどちらですか。
>
> コリントの信徒への手紙一　4:20-21a

はじめに

　キリスト教が「ことばの宗教」であるということは極めて多様な意味で理解されるとはいえ、およそキリスト教を自称する信仰共同体においては自明の原理であることは言を俟たない。それは集団儀礼および個人的信仰生活において正典としての聖書を頻用することに留まらない。「ことば」は単なる信仰の媒体あるいは手段と見做されるのみならず、時に「ことば」自体が信仰対象と同一視され、様々な神学的主題そのものと見做されることさえある。

　『讃美歌 21』59 番「この地を造られた」の歌詞は興味深い[1]。この「みことば」賛歌の原歌詞はイギリス合同改革派教会の牧師によって 1954 年に作詞されたが、そこでは「(み)ことば」は①創造の神、②受肉の神、③聖書、④宣教、⑤聖霊それぞれの「ことば」と同一視されている(ただし、日本語の訳詞ではわかりにくいが、英語の原歌詞では賛美対象はあくまでことばの源である神になっている[2])。後述す

1　R.T. Brooks「この地を造られた」日本基督教団讃美歌委員会編『讃美歌 21』(日本基督教団出版局、1997 年) 80-81。

2　https://hymnary.org/hymn/CPAM2000/page/1256 (参照 2022-9-6)．

る様々な「ことば」理解を念頭に置くならば、この歌詞は優れて神
学的な「ことば」理解を述べているわけであるが、おそらくこの賛
美歌を歌いながらその神学的内容にまで思いを馳せるのは、日曜の
礼拝に集う会衆の大半にとって容易なことではないだろう（とはい
うものの、賛美歌の歌詞は常に作成された時代や作詞者の神学的感覚を反
映しているものであることは言うまでもない）。

　本稿ではキリスト教において恰もその意味が自明のごとく用いら
れつつも極めて多義的かつ難解な用語である「神のことば」を改め
て顧慮し、その複雑さに理解を向けることを目指したい。

1. 神のことばとロゴス論

神はことばであるということ

　神がことばであるとする理解はヨハネ 1:1「初めに言（ことば）があった。
言は神と共にあった。言は神であった」を最も主要な根拠とする[3]。
ヨハネ 1:1 の理解に当たっては周知のこととしてギリシア的ロゴス
論が適用され、神はロゴスであるとの説明がなされる。これはヨハ
ネ 1:1 が創世記 1 章を念頭に置いている事実を説明するには相応し
い。創世記 1 章においては、神は万物の創造についてことばを発し
ている。ことばは創造を現実化し、創造に先立つ始原的な神の行動
であると理解できる。その意味で「初めに言があった。言は神と共
にあった」という表現は納得しやすい。一方でそれを神とするのは
いささかの困惑を免れない。創世記 1 章のみを読む限りでは神をこ
とばと同一視するのは容易ではない。ことばが発せられる以前に神
は霊として存在しているからであり、ことばが霊としての神と「共
にあった」か否かは定かではない[4]。ことばは神の発したものである
ことは明らかである。もしそうであるならば、ことばを存在として

3　聖書からの引用は原則として『聖書　聖書協会共同訳』（日本聖書協会、2018 年）
　を用いる。
4　「地は混沌として、闇が深淵の面にあり、神の霊が水の面を動いていた。」（創 1:2）

神そのものであると即座に判断することは難しい。ところがヨハネ
1:1 はこの神とことばとを即座に同一視しているように読める[5]。ただ
しこうした疑念は独り「言は神」の総合判断のみに向けられるもの
ではなく、同じヨハネによる福音書の 8:12「私は世の光である」と
いうイエス自身による直喩にも向けられなければならない。創世記
1:3 によれば、光が神による創造物であることは明らかである[6]。アレ
イオス主義的キリスト論を斥けるならば、ヨハネ 8:12 は直喩である
と理解するのが順当である。すなわちイエスが光であるというのは、
光の被造物としての存在論的本質を直接的に言い表し、それをイエ
スの存在論的本質に重ねているのではなく、照らす作用者としての
光と照らされる受容者としての闇との関係を、救済者としてのイエス
と被救済者としての人間との関係の類比として語っているもので
あると解することができる。この理解をヨハネ 1:1 に援用するなら
ば、神からの流出物としてのことばの存在論的本質を直接的に言い
表し、それをイエスの存在論的本質に重ねているのではなく、福音
の告知者としてのイエスと福音の聴取者としての人間との関係、す
なわち救済者と被救済者との関係の類比であると解することができ
る。この場合はここでの「神」をイエスと解するしかない。父なる
神として解するならば、ことばそのものとその発話者が同一になる。
ただし神とイエスの境界線はイエスの次のことばによって乗り越え
られ得る。「よくよく言っておく。私の言葉を聞いて、私をお遣わ
しになった方を信じる者は、永遠の命を得、また、裁きを受けるこ
とがなく、死から命へと移っている」（ヨハネ 5:24）。

---

5 ギリシア哲学のロゴス論を強く援用するのであれば、ロゴスとは神的な理法であっ
て時に「神」と同一視されることもあるため、その意味で「言は神」は困惑を生
まない。ただしギリシア哲学各派におけるロゴス論はその世界観等の多様性に連
動して必ずしも同一ではなく、ヨハネによる福音書が念頭に置いているとされる
ギリシア哲学の内実についても議論があるため、本稿ではこの問題はこれ以上取
り扱わない。

6 「神は言われた。『光あれ。』すると光があった。」

ロゴス信仰とキリスト教信仰

　イエスはロゴスであるという議論を推し進めた殉教者ユスティノ
ス（100頃-165）によれば、「ロゴスに従って生活している人々は、
たとえ無神論者に数えられていても、キリスト者なのである[7]」とさ
れる。すなわちイエスを知らなかった紀元前のギリシア哲学者たち
も、ロゴスについて深慮し、ロゴスを礼拝し、ロゴスを目標として
生きていたならばイエスの救済に与ることができるということにな
る。ロゴスがことばであることは言を俟たないが、この場合のロゴ
スは最高の倫理規範と見る方が適切であろう。そもそもギリシア哲
学には根本的傾向として一神教を志向する神学が伏在している。ク
セノファネス（前570頃-前480頃）は、ギリシア神話ではあらゆる
人間的な悪徳（放縦な性生活、嘘、窃盗など）を神々が行っていると
して非難し、最も偉大な神々の中の唯一の神とは「その姿において
も思惟においても死すべき者どもに少しも似ていない……それはつ
ねに同じところにとどまっていてすこしも動かない。あるときはこ
こへ、あるときはかなたへと赴くことは、彼にはふさわしくない[8]」
存在であると推論している。こうした非難はプラトンも同様であり、
神話に描かれている不道徳な物語は最高善に反しているとして、神
はすべての事柄の原因ではなく、ただ善の原因であると主張する[9]。
プラトンの神観はやがて新プラトン主義における「一者（アルケー）」
を万物の唯一の根源であるとする思想へと昇華される。これらの枠
組みと評言においてギリシア哲学（神学）はキリスト教と本来的に
親和性が高い部分が少なくなく、したがってユスティノスがロゴス
を軸として両者の調和を唱えたのは決して牽強付会とは言えない。
ここで注意しなければならないのはクセノファネスであれプラトン

7　アリスター・E・マクグラス編『キリスト教神学資料集　上』（キリスト新聞社、
　　2007年）68。

8　クセノパネス、藤沢令夫訳「クセノパネス」『世界文学大系63　ギリシア思想家集』
　　（筑摩書房、1965年）30。

9　プラトン、藤沢令夫訳「国家」『プラトン全集11』（岩波書店、1987年）164。

であれ、神々の道徳的側面から唯一の神を推論している一方で、ク
セノファネスは帰納的に唯一の神へと逢着しているが、プラトン主
義ではその哲学的原理は人間理性の推論によって発見されるという
よりは、言うなれば啓示的に人間に知らされる真理であるというこ
とである[10]。ロゴスは抽象的な真理であると同時に第一義として具体
的なことばである。しかし人間の内なる理性をただ一つの真理判定
基準とする哲学には本質的に他者からもたらされる啓示がない。し
たがってプラトン主義におけるロゴスの追求は必ず限界に達する。
しかしこの限界を乗り越えてロゴスの総体を明らかにしたのがキリ
スト教であったとユスティノスは理解する。その意味においてロゴ
スはギリシア哲学の枠を超えて啓示の内実を付与された上で理解さ
れなければならない。ロゴスは単なる言語的知識ではなく、主体か
ら発せられた語りかけであり、その発話主体そのものにまで達する
のである。

真のことばとしての内なることば

ロゴスのキリスト教的追求が取り組むべき課題の一つは、啓示さ
れたロゴスが特定言語に依拠している事実である。すなわちヘブラ
イ語（およびアラム語）とギリシア語がロゴスを伝達している。ギリ
シア哲学の原理にしたがってロゴスの普遍性を追求するならば、特
定言語とロゴスの紐帯は解かれなければならない。アウグスティヌ
スは『三位一体論』において、「真のことばは内なることば（verbum
cordis, verbum mentis）」であると強調した[11]。この原理によれば、文字
は音声のしるしであり、音声は思考のしるしである。これがロゴス
にも適用される。ロゴスのしるしが受肉したイエスであり[12]、イエス
の福音の語りかけはイエスのしるしである。したがって真の福音は

---

10 『キリスト教神学資料集　上』69 参照。
11 アウグスティヌス、泉治典訳「三位一体」『アウグスティヌス著作集 28』（教文館、
　　2004 年）462-3。
12 「言は肉となって、私たちの間に宿った。」（ヨハ 1:14）

ロゴスである。何らかの特定言語で発せられた福音はロゴスそれ自体ではない。しかしロゴスから出てロゴスを表わす。人間の間にあることばはこれである。アウグスティヌスはここから帰納的にロゴスの真の性質を考察した。すなわち音声およびそれを記した文字に拠らず、心から心へ伝達されることばこそが真のことば、ロゴスであるとした[13]。

　音声的なことばよりも内的なことばが上位であるとするのは優れて新プラトン主義的である。新プラトン主義では一者から知性が発出し、知性から魂が発出する。魂は質料を統一して物体的存在を形成する。この世界秩序は位階的であり、一は多の上位にあり、抽象的なものは具象的なものよりも上位にあり、不可視的なものは可視的なものよりも上位にある。この原理に従うならば、ことばのうち音声および文字で表現されることばよりも内的なことばが上位にあるとされるのは言を俟たない。言い換えるならば「心が心に語りかける（cor ad cor loquitur）[14]」ことは、口から耳へ語りかけることよりも上位である。すなわち霊的次元においては（おそらくは）音声言語に依るのではなく、言語を超えた「言葉に表せない呻き[15]」が意志伝達を担うと推測される。それは日常においても人間の口から発せられる非言語的音声や、自然的あるいは人工的な信号音などとも全く異なるものであろう。このことは例えば中世スコラ神学において頂点に達した天使論においても垣間見ることができる。新プラトン主義的な世界秩序の枠組みにおいて神と人間との位置は上下に固定される。しかしその両者の間にも「位階的」に存在する何かがあるとすれば、それが天使であるとされた。当然ではあるが、その場合の天使は人間が持つ具象性を持たず、さらなる抽象的・霊的存在でなければならない。すなわち純粋な霊的被造物が天使であるというこ

---

13 「三位一体」464-5。
14 ジョン・ヘンリー・ニューマン（1801-90）の枢機卿としての標語。
15 ロマ 8:26。

とになる。肉体を持たない、つまり発声器官のない天使間の「語り合い」、さらには天使から神への「祈り」は非音声的に「心から心へ」伝えられることばであるということになる[16]。これが純粋な霊的次元のことばである。さらには天使間にも位階があり、上位の天使から下位の天使への語りかけとその逆とは異なるものになるとの考察まで深められたが、現代人には最早実感のない理論であろう[17]。しかし天使論におけることばの考察は人間的次元と神の次元をつなぐことばの問題と無縁ではない。神が直接的に人間にことばを語るとすれば、それは耳に語るのであろうか、それとも「心に語りかける」のであろうか。もし「心に語りかける」とすれば、それは音声的言語であろうか、それとも非言語的メッセージによるのであろうか[18]。

3. ことばとプロテスタンティズム

ルター：「聖書のみ」とは

宗教改革の根本精神の一つが聖書への集中、すなわち哲学的思弁や教会権威によって定式化された教義による言語的構築物の依存度を低めて、聖書のことばを比肩するもののない信仰の最高規範と

---

16 パウロは「たとえ、人々の異言、天使たちの異言（γλῶσσα）を語ろうとも、愛がなければ、私は騒がしいどら、やかましいシンバル」（一コリ一三 1）と述べ、人間の言語とは別に天使にも言語（γλῶσσα）があるとの認識を示唆する。（γλῶσσαの原義は「舌」であり、使 2:3 で弟子たちに降ったのも「炎のような舌 [γλῶσσα]」である。）ただしパウロがここで焦点を定めているのは天使論ではないので、恐らくはこれは修得困難な高次元の言語といった事柄の象徴的表現と見なす方が適切であろう。ただしパウロがここで愛のない言語（異言）を「やかましいどら、騒がしいシンバル」と評価しているのは興味深い。言語的音声は非言語的音声に優るとのパウロの認識は少なくとも見て取ることができる。

17 稲垣良典『天使論序説』（講談社学術文庫、1996 年）95-118 参照。

18 聖書の預言はいずれも一見すると音声的言語の文字化に思える。しかしそれは事実の記録であろうか、それとも象徴的・物語的表現として神のことばを詩的に書き綴っているのであろうか。言い換えるならば、預言書の文学ジャンルとは口述筆記の記録であろうか、それとも黙示録のような幻想的文学なのであろうか。神が視覚芸術的にヴィジョンとして見せたものを預言者が文章によって描写したものは「神のことば」なのであろうか。また「神のことば」の中でもある種の下位（または上位）のものに区分されるものなのであろうか。

したことは周知のとおりである。しかし聖書のことばとはそもそ
も何かということを問うのは容易ではない。ルターは『新約聖書
序文』において「福音とは、神の子、ダビデの子、真の神であっ
て人、キリストについての説教以外のなにものでもない。……こ
うして福音は短い話でも、長い話でもあり、ある人は短く、ほか
の人は長く書くことができる。……キリストがその生と教えと働
きと死と復活と、彼があり、持ち、なし、できるすべてのものと
ともにあなた自身のものであることを告げる声が来る時こそ、あ
なたは福音を知っていることになる[19]」と述べているが、「聖書のみ
（Sola Scriptura）」の標語を知るものにとっては幾何の違和感を禁じ
得ない。つまり聖書のことばこそが神のことばであるという宣言を
ここに見出すことは困難である。この違和感への一つの応答はル
ターの説教『待降節第一主日の福音：マタイ 21 章（Das Euangelium
am ersten sontag des Advents Matthei xxi.)』に見出すことができる。

> 福音は、現在では聖書において宣言されている。しかしキリスト
> が到来して使徒たちを遣わして以来、口頭で公に説教されたので
> ある。したがって教会はペンの家ではなく口の家なのである。な
> ぜならば、今や福音は本に書かれているが、キリストが来られた
> 時は口頭で福音を説教したからである。それこそが新約聖書であ
> り、福音である。それは口頭にて活き活きとした声で説教され、
> 広められなければならない[20]。

このことについて E・T・バッハマン（1911-95）は、「ルターの理
解によれば、神のことばとは単に聖書テキストに書かれたものと同
じではない。というのは、それは歴史において筆記されたもの、あ
るいは道徳的教訓よりもさらに深遠なものだからである。むしろ神

---

19 ルター、徳善義和監訳「新約聖書序文」『宗教改革著作集 4』（教文館、2003 年）、
　　105。
20 WA 10/I/2, 48.

のことばとは、生命を授ける力、聖書によって活かされた人によっ
て伝達されるメッセージにほかならない[21]」という。他方でメラン
ヒトンは「場違いの熱心」が人を聖書から離れさせることに警告を
発し、霊的な教えはあくまで聖書に立脚することによって純粋に得
られるものであると説くことで均衡を保とうしているように思われ
る[22]。

カルヴァン：ことばの神性の再考

　カルヴァンにおいても聖書が信仰の最高規範であることは疑いが
ない。『キリスト教綱要』はカルヴァン自身が語っているように、
旧約・新約を読むことで信仰の進歩を図る基礎とすべき書として書
かれた[23]。そこには聖書のことばについてのカルヴァンの見解に触れ
ることができる。

　　神は世の初めこのかた、一般的なものごとを提示して教えるほか
　　に御言葉を付け加え、この御言葉こそが、神を他の者と識別する
　　ためのより正しくより確実な目印となるという秩序を、教会のた
　　めに立てておられた。……死から生に移るためには、神を創造主
　　として知るだけでなく、贖い主として知らなければならない。こ

21 E. T. Bachmann, "INTRODUCTION TO Word and Sacrament," in: *Luther's Works, Vol. 35: Word and Sacrament I*, ed. Jaroslav Jan Pelikan, Hilton C. Oswald, and Helmut T. Lehmann, vol. 35 (Philadelphia: Fortress Press, 1999), xi.

22 「あなたはここで神学の、最も共通する基本概念を持つことになる。あなたは聖書からさらにそれの厳密な説明を求めなさい。われわれはあなたが遵守すべき事柄を指示したことで満足する。わたしは、このような重要なトピックを為すべきであったより簡潔に論じたと思うが、場違いの熱心によって誰かを聖書から離れさせてわたしの議論に引っ張り込まないことを願うものである。というのは、わたしは聖なる事柄についての人間の註釈をペストと同じく避けねばならないと考えているからである。なぜなら、天来の教えは聖書によるのでなれば純粋に汲み出すことはできないからである。というのは、神の霊をご自身以外に誰が正しく表現するものがいるだろうか。『というのは、神の支配は話ではなく、力にあるからだ。』（一コリ 4:20)」（メランヒトン、伊藤勝啓訳「神学綱要」『宗教改革著作集 4』（教文館、2003 年）348-349)。

23 カルヴァン、渡辺信夫訳『キリスト教綱要　改訳版　第一篇・第二編』（新教出版社、2007 年）10、13 参照。

の両方の認識は、確かに御言葉によって獲得されるのである。……聖書の弟子になるのでなければ、誰一人として聖なる教理の僅かの味わいも受けられないことを固く心に留めなければならない。……私は言う、御言葉にこそ赴かねばならないと。御言葉こそ、神がその御言葉において正しく、生き生きと、我々に対して描きだされるところだからである。……この御言葉から逸れているならば、どんなに急いで走ろうとも、コースは道を離れてあらぬ方向に向いているのだから、目標に達することは決してできない[24]。

　カルヴァンにおいて聖書は自然啓示（一般啓示）を補完し、完成させる特別啓示である。この点においてカルヴァンはまずもって殉教者ユスティノスの線に立っている。すなわち人間理性を不完全ながらも（神の）真理へアプローチ可能な、信仰とは別の所与の能力であると認め、これと信仰との相互補完的関係を唱える。言うなればカルヴァンはこの点においてアウグスティヌスおよびトマス・アクィナスの忠実な継承者であり、特別啓示に強い力点を置いたルターとは異なる神学プログラムを打ち出している[25]。さらにカルヴァンが中世神学の伝統から継承しているのは自然啓示だけではない。

　確かに聖書が我々に神の言葉を差し出す時、これが空中に発せられるや神の外に出て過ぎ去り消えゆく声に過ぎないと見、旧約の父祖たちに告げられた託宣と全ての預言はこの種のものだったと空想するのは、最も不条理な見方である。むしろここで言葉とい

---

24 『キリスト教綱要　改訳版　第一篇・第二編』73-76。
25 カルヴァンが自然啓示の神学的重要性を認めていることは疑いがない。「我々の知恵でとにかく真理に適い、また堅実な知恵と見做さるべきもののほとんどすべては二つの部分から成り立つ。すなわち神を認識することと、我々自身を認識することである。……天から我々の上に滴り落ちる、これらの恵みを辿っていけば、ちょうど小川に沿って泉へと辿るように、我々はその恩恵の源泉に導かれる」（『キリスト教綱要　改訳版　第一篇・第二編』38）。興味深いことに、20世紀におけるいわゆる「自然神学論争」では、改革派の神学者であるカール・バルトがカルヴァンを引用しつつ自然啓示を完全否定しようとした。

うのは、神とともにいつまでも留まる知恵を指すのであって、この知恵から全ての託宣と預言とが出てくるのである。なぜなら……昔の預言者たちも使徒たちと同じくキリストの御霊によって語ったからである。……しかしキリストはまだ現されたまわなかったのであるから、言葉は世の初めの先に御父から生まれたと理解せざるを得ない。しかし預言者たちを器として働かせたもうた御霊こそ御言葉の例であるならば、疑う余地なく御言葉はまことの神であると結論される[26]。

明らかにカルヴァンはロゴス・キリスト論を重視し、それとの関連においてキリストの先在を説明する。決してカルヴァンは、ルターが説いた口頭で語られる神のことばの優位性を否定しているわけではない。しかしルターが口頭で語られる神のことばこそが霊的な神のことばであるとしたのに対し、カルヴァンは霊的次元におけることば（＝ロゴス）の先在と普遍性を先行させることで人間的次元に神のことばが顕現するとする。付言するならばカルヴァンはこの論を支えるためにイエスに先行する預言を福音と同等な神のことばとして躊躇無く並置する。ルターが旧約の律法（この文脈では預言と同義と見做して差し支えないであろう。本質的に律法は神からの託宣であり、聖書的理解では広義の預言におけるその一角と理解できよう）を福音と対置させた図式との相違は明らかである。無論ルターも律法を神のことばではないと断言しているわけではない。しかし預言を福音に先行する神のことばであるとし、それをもってキリストの先在を指摘し、旧約預言を先在するキリストのことばであると示唆する論理構造は、ルターの神学プログラムに重ねることは難しい。アウグスティヌスによる愛を中心とした三位一体論の論証[27]を思わせるカル

---

26 前掲書、140。
27 「使徒ヨハネの言葉を注意深く調べるならば、聖霊が愛であると言われている箇所が見出される。「いと愛する者たち、互いに愛し合おう。愛は神から出るからである」と使徒ヨハネは言った後、続けて「愛する者は皆、神から生まれたのである。愛

ヴァンの理論は、その点においても疑いなく中世神学の継承であり、しかも中世神学の存在論的構造を動的な神のことばを中心としたものに再構成していると理解できる。

3. ことばと聖霊——近代の視座から

シュライアマハー：聖書の権威とことばの権威

　シュライアマハーは聖書の権威を教会権威に依るものとはしない[28]。さりとて学術的論証が聖書の真正性を保証するともしない。というのは、もしそうであるならば、共にキリスト者でありながら、聖書の真正性を知的に理解できる者と理解できない者との間に決定的な差異が生じることになり、それは「福音主義教会が言明しているキリスト者の平等にまったく合致しない」上に「すべてのキリス

　することのない者は神を知らない。神は愛だからである」（ヨハ 4:7-8）と言っている。ここでヨハネは、「神から生まれた」と述べたその愛を神と名づけたことは明らかである。それゆえ、愛は神からの神である。しかし、御子も父なる神から生まれ、聖霊も父なる神から出たのであるから、ここで「神は愛である」と述べられているのは御子と聖霊のどちらをさすかが当然問われる。御父のみが神から来ることなしに神なのだからである。それゆえ、神からの神なる愛は、子であるか聖霊であるかのいずれかである。しかし、使徒ヨハネは続いて神の愛に言及して、私たちが神を愛するというその愛についてではなく、「神が私たちを愛して、御子を私たちの罪を償ういけにえとして遣わした」愛について述べ、これによって私たちが互いに愛し合うように、そうすれば神は私たちの中にとどまると奨めたのである。使徒は既に、神は愛であると語ったからである。そして直ちに、この点をいっそう明瞭に示そうとして、「神は私たちにご自身の霊を分け与えてくださった。このことから、私たちが神の内にとどまり、神が私たちの内にとどまってくださることがわかる」と言ったのである。それゆえ、私たちが神の内にとどまり、神が私たちの内にとどまるようにしたのは、神が私たちに与えてくださった聖霊である。このことをなすのは愛である。それゆえ、聖霊は愛なる神である」（アウグスティヌス、泉治典訳「三位一体」『アウグスティヌス著作集 28』（教文館、2004 年）482-483）。

28 「もしキリストとしてのイエス、あるいは神の御子であり人類の贖罪者としてのイエスに対する信仰が、聖書の権威に基づいているべきであれば、ひとはいかなる仕方でこの権威を基礎づけようとするのか、ということが問題となる」（シュライアマハー、安酸敏眞訳『キリスト教信仰』教文館、2020 年 842-843）。ローマ・カトリック教会、プロテスタント教会を問わず、聖書の権威はいわゆる逐語霊感説および教会権威による正典承認の二つが柱となる。シュライアマハーはこのいずれにも力点を置かない。

ト者に神の言葉に関して与える権利と、われわれがそれを生き生き
とした流通において保持しようと努める熱意」に反するからであ
る[29]。シュライアマハーによれば真のキリスト教信仰とはキリストの
贖罪への信仰であり、「それはキリストの霊的作用の観念と結びつ
いたどのような他の証言にも基づいており、したがってまた口述的
伝承にも基づいて[30]」いるとする。シュライアマハーはここで聖書の
みが神のことばなのではなく、むしろ霊的な他の証言あるいは口述
的伝承も神のことばであることを示唆し、さらにこのことを次の命
題によって確立する。

> 新約聖書は、一方ではキリスト教信仰のあらゆる叙述の、それ以
> 来ずっと切れ間なく続く一連のものにおける最初の部分である。
> それは他方で、あらゆる後続の叙述にとっての規範である[31]。

　シュライアマハーにおいて聖書が狭義の「信仰の規範」ではなく、
現在まで続く歴史的キリスト教におけることばの規範とされている
ことは興味深い。シュライアマハーは逐語霊感説を（独自の冷静な分
析から）肯定し、福音主義的教会の穏健な権威を容認するが、それ
らとの有機的な繋がりを念頭に置いてもこの発言は多分に誤解を招
きやすく、また危うさを孕んでいる。異端（異説）の中には聖書を
引用しつつも新たな言葉を発し、それと聖書のことばとの連続性を
強調することで自説を展開するものも少なくないからである[32]。そこ
でシュライアマハーは聖書論とは別に、神のことばについての議論

29　前掲書、843。
30　前掲書、844。
31　前掲書、846-847。
32　たとえば歴史上度々出現している急進的な終末論者は、旧約のダニエル書や福音
　　書・パウロ書簡の終末予告あるいはヨハネの黙示録の記事に関する自身の解釈さ
　　らには特定の日時を終末の到来とする自説を、事実上聖書正典の文言と同等ある
　　いはそれ以上の権威があるものとして主張する。自身の解釈あるいは自説に反す
　　る聖書の明確な文言は無視される、つまり権威を認められない。

を立てる。その前提としてシュライアマハーは、共同体において一人一人に働く聖霊は聖書記者に霊感を与えたものと同一であるとして「類似の作用をもたらさずにはおかない」とし、「その結果、神の至福へと作用するどの自己伝達も確かにまた聖書に即しており、そしてどの聖書に即した自己伝達もまた信心を高めると、同じ権利を持って言うことが出来る」と断言する[33]。その上で「教会における公式の奉仕は、すべての部分においてみ言葉に結びついている[34]」との命題を立て、この聖書との連続性を持つことばを語る教会内職務のみならず、その他のすべての職務も神のことばに関連しているとする。シュライアマハーによれば「キリスト者たちの散発的で一定の形式をなしていない伝達ですら、それが聖霊によって引き起こされたものを伝達する限りは、同様に神のみ言葉を解説し実践するものにほかならない[35]」からである。シュライアマハーはさらにこの「散発的で一定の形式をなしていない有効作用」と「職務的に分配されて秩序立てられた有効作用」の「類似性」と「対立」性とを指摘する[36]。言うまでもなくこれは今ここで語られることばと聖書のことばとの類似性・対立性を語っている。

　「非福音主義的な文字への盲従[37]」を否定するシュライアマハーにおいては、活き活きとしたことばこそが真の神のことばである。これを裏付ける権威は聖霊に他ならない。シュライアマハーは聖霊を始原的伝達（eine ursprüngliche Mittheilung）をする働きとし、それは個ではなく全体に及ぶものであるとして「共通精神（Gemeingeist）」とも呼ぶ[38]。言い換えるならば根本的な神のことばが伝えられるのは共同体であるということであり、それは聖霊の働きであるというこ

33　前掲書、872。
34　前掲書、879。
35　前掲書。
36　前掲書、881。
37　前掲書、880。
38　前掲書、802。

とである。このように聖霊は神のことばの権威そのものであるが、「聖霊が高次の個体として提示された場合には、それを論駁するためにも、新約聖書の言表と取り違えることは許されない[39]」。聖霊の働きは聖書記者の働きに限定されない。すなわち現在の教会におけることばの伝達にも働いていることが示唆されている。

　一般にプロテスタント神学者は聖霊を我々に対する「神の働き」「キリストの働き」と相当程度あるいはほとんど同義とする傾向を持つ。この働きを集団において見る場合、ローマ・カトリックほどサクラメントへ力点を置かないプロテスタンティズムは必然的に「ことば」に対して「神の働き」「キリストの働き」を見出すことになる。シュライアマハーにおいては聖霊と神のことばそれぞれの独立性および相互依存性は絶妙な均衡を保ちつつ語られていたが、たとえばトレルチに至っては聖霊の独立性はほぼ消失し、神・キリストの働きへ収斂されることによって、三位一体論の図式を基調とした神のことばの見方も消失することになる[40]。しかし神のことばとはすなわち神・キリストの直接の働きかけにより（聖霊という媒介者を経ずして）今ここで語られるという理解は、21世紀の神学状況において古さを感じない。つまりこのような還元的側面を持つ文化プロテスタンティズムへの反動としての弁証法神学が、実は「神のことば」への集中という構造において、シュライアマハーの線から遠くないという理解が成り立つと思われる。

39　前掲書。

40　「三位一体論は、神の内的本質と神の歴史的啓示との関係を作り出そうとする試みにほかならない。原始教団においてこの機能を果たしたのはメシア信仰であった。このメシア信仰から、ロゴス論を媒介にして、三位一体論が成長してきた。三位一体論は、キリスト教の神概念の本来的な霊的内容については何も語らないが、しかし神の本質を神の歴史的啓示と結合するものである。（中略）キリストにおいて示され、聖霊を通して働く、神の救済の啓示という思想は、キリスト教信仰を最も簡潔に要約したものとして持ちこたえているので、あの三性も持続している。ただこれはもはや内在的三一性の意味ではなく、単にいわゆる経綸的三一性の定式の意味で理解されることができる。（中略）すなわち、キリストにおいてそしてキリストの霊を通して、われわれのうちにある神である」（トレルチ、安酸敏眞訳『信仰論』（教文館、1997年）132-3）。

カール・バルト：神の語りとしての神のことば

　カール・バルトが自身の神学プログラムを「神のことばの神学」
と自称し、前世代までの啓蒙主義的あるいは近代的な神学と対比さ
せたことは周知のとおりである。「神のことば」は主著『教会教義学』
の第一部を成し、バルト神学の中心的主題にしてその総体のプロレ
ゴメナそのものであることは疑いがない。その内実の詳細を論究す
ることは本稿の趣旨ではなく、簡潔になせることであるはずもない
ので、ここではその一端を概観するに留めるとともに、他の神学者
の「神のことば」理解との比較における意義のみを考察することに
したい。

　バルトは「人間的な語り（Menschliche Rede）」に含まれる「神につ
いての語り（Rede von Gott）」を慎重に取り扱う[41]。「神についての語り」
がすべて「宣教（Verkündigung）」なのではなく、そこには神のこと
ばへの人間の応答としての捧げ物（Opfer）、単なる宣伝（Propaganda）、
若年層教育（Jugendunterricht）、さらには人間のみに向けられている
神学も含まれているからである[42]。これらと真の宣教とを分けるの
は、第一に「神のことば」を語る明確な主張・方向性・期待の有無、
第二にそれが「神自身が語ることば（das göttliche Selbstwort）」であ
るという点においてである[43]。人間的な語りが宣教になり得るのは
「神のことばに奉仕する（dem Wort Gottes dienen）」ことにおいてのみ
であり、人間が人間的な語りを神のことばの語りにすることはでき
ず、ただそう欲することしかできないという[44]。

　興味深いことに、バルトにおいて教会内におけるこのような宣教
の活動は二つある。一つは説教であり、もう一つはサクラメントで

41　バルト、吉永正義訳『教会教義学　神の言葉 I/1』（新教出版社、2005年［OD］）
　　91-92。
42　前掲書、96-101。
43　前掲書、101。
44　前掲書、102。

ある[45]。「これが、教会の中で起こっている神についての語りが、宣教であろうと欲するときに、換言すれば、人々に向かって神の言葉を語るという主張を持って向けられ、神の言葉が語られるという期待をもってめぐりかこまれている時にあろうと意志しているところのことである。そのような語りは、説教および聖礼典として宣教であろうと欲するべきである[46]」。厳密に言えばバルトは説教と聖礼典を「神のことば」と同一視していはいない。説教は神のことばを伝達しようという試みにすぎず、聖礼典はその視覚的な随伴的象徴行為にすぎない[47]。神のことばはこれらの前提であり、これらは神のことばに委任された出来事であるとされる[48]。この時点では実は「神のことば」の内実はまったく見えてこない。他方でバルトは神のことばの形態は宣教以外に「書かれた」神のことば、つまり聖書があるとする[49]。ちなみに聖書が神のことばであることを裏付けるのは使徒的伝承であるとする[50]。さらに神のことばの三つ目の形態としてバルトは啓示、ここでは聖書の証言内容を挙げる[51]。バルトによれば、啓示の先行性により、啓示と聖書は同一ではないが、「神の言葉の出来事の中で、啓示と聖書は事実一つであり、しかも文字どおり一つである[52]」。さらにこの神のことばが説教と聖礼典において宣教されることで我々はこれを知ることができるので、この三つの形態は三位一体の類比として認められるという[53]。これらはすべて人間の営みの中で行われることであるが、それにもかかわらずこれらが神が我々に現実に語ると理解できるとし、これは神のことばの「秘義（神

---

45 前掲書、108-9。
46 前掲書、109-10。
47 前掲書。
48 前掲書、171。
49 前掲書、192。
50 前掲書、202。
51 前掲書、215。
52 前掲書、219。
53 前掲書、236。

秘、Geheimnis）」であるとする[54]。

　驚くべきことに、バルトは自身による神のことばについての中心的叙述において聖霊の働きにほとんど触れない。それどころか別の聖霊に関する叙述において「啓示における聖霊の働きは、神の子あるいは神の言葉の働きとは別の働きである[55]」とまで言い切る。バルトにおいては神のことばは神の直接的な語りとほとんど同義語であるが、この出来事に聖霊の働きとしてその独立的な関与が説明される余地がほぼ見られない。この点に関して確かにバルトはシュライアマハーへの反動的側面を隠さないが、同時に神学プログラムとしての全体性においては全く正反対の方向性を示しているにもかかわらず、既に述べたようにトレルチの線から遠くないのである。

おわりに

　聖書においてイエス・キリストが神のことばであるというのは聖書独特の類比表現として見るべきであって、後に殉教者ユスティノスなどが展開したロゴス・キリスト論を遡及して適用すべきではない。ともあれギリシア哲学内で発展した神に関する神学的推論をキリスト教の理解に応用した妥当性は認められなければならない。すなわちアウグスティヌス、トマス・アクィナスにおける「内なることば」の考察は、啓蒙主義的観点からすれば不毛な形而上学との批判を免れない可能性もあるが、言語に関するキリスト教固有の普遍性（ある意味では既存の諸言語のキリスト教的観点による相対性）を照らす端緒ともなったからである。

　意外にもルターは聖書のみが神のことばであるとは言わない。イエスの福音への回帰を掲げるあらゆる神学的運動においてそうであるように、福音とは生気に満ちた動的なものであるとの主張は、書

54　前掲書、280。
55　バルト、吉永正義訳『教会教義学　神の言葉 I/2』（新教出版社、1995 年）338。

かれた聖書のみを神のことばとする主張と並立できないからである。他方で「聖書のみ」の標語を掲げるルターにおけるこの内的齟齬はメランヒトンにおいて修正されることになるが、おそらくはこのことを熟知していたカルヴァンはむしろ中世神学の枠組みを継承することによってこのジレンマを乗り越えようとする。そこには中世神学の人文主義的展開が見出されるのと同時に、プロテスタンティズムの純粋性が問われる両義性が伏在している。この点ではルターの信仰性・簡潔性を評価する向きもあるであろう。

　プロテスタンティズム内におけるこの差異は、ルター派と改革派の止揚を企図したシュライアマハーによって総合される。シュライアマハーはルターの口頭による活き活きとした神の言葉理解を軸としつつ、カルヴァンにおけるキリストの先在に基づくことばの権威を三位一体論を前提として聖霊論に移行させることでルターと結びつけ、聖霊を裏付けとする神のことばの権威を確立したと言える。その際にルターの見解が孕んでいた「場違いな熱心」への危険、すなわち熱狂主義へのリスクは、聖霊の対象が主として集団すなわち教会（シュライアマハーにとって教会とは公定教会、同時代的には領邦教会に他ならない）に事実上限定されることによって回避される。これにより汎プロテスタント神学的な総合見解が打ち立てられたかに見えるものの、その後の近代主義的風潮の漸進において聖霊が（暗黙のうちに）後景に斥けられるに従い、シュライアマハーの見解も勢いを失うこととなる。この風潮に見事に歩調を合わせたのが、実はシュライアマハーを嚆矢とする自由主義神学、文化プロテスタンティズムへの反動と目されるカール・バルトであったことは興味深い。神の語りが神のことばであり、それこそが神学の中心であるとするのは、聖霊論の消失した 19-20 世紀転換期の自由主義神学の特徴そのものだからである。この点に関してバルトは前世代の神学を決して乗り越えてはいない。この「祝福された」逆説は、その後の神のことば理解、すなわちバルトの線に立つポストモダン神学と、バルトを乗り越えようとしたモルトマン、パネンベルクらの神学に

分け入る際の一つの共通の鍵となるのではなかろうか。

参考文献

『聖書　聖書協会共同訳』日本聖書協会、2018 年。

アウグスティヌス、泉治典訳「三位一体」『アウグスティヌス著作集 28』
教文館、2004 年。

稲垣良典『天使論序説』講談社学術文庫、1996 年。

カルヴァン、渡辺信夫訳『キリスト教綱要　改訳版　第一篇・第二編』新
教出版社、2007 年。

クセノパネス、藤沢令夫訳「クセノパネス」『世界文学大系 63　ギリシア
思想家集』筑摩書房、1965 年、27-31。

シュライアマハー、安酸敏眞訳『キリスト教信仰』教文館、2020 年。

トレルチ『信仰論』安酸敏眞訳、教文館、1997 年。

日本基督教団讃美歌委員会編『讃美歌 21』日本基督教団出版局、1997 年。

バルト、カール、吉永正義訳『教会教義学　神の言葉 I/1』新教出版社、
2005 年［OD］。

バルト、カール、吉永正義訳『教会教義学　神の言葉 I/2』新教出版社、
1995 年。

プラトン、藤沢令夫訳「国家」『プラトン全集 11』岩波書店、1987 年、
17-773。

マクグラス、アリスター・E 編『キリスト教神学資料集　上』キリスト新
聞社、2007 年。

メランヒトン、伊藤勝啓訳「神学綱要」『宗教改革著作集 4』教文館、2003 年、
169-349。

ルター、徳善義和監訳「新約聖書序文」『宗教改革著作集 4』教文館、2003 年、
103-107。

Bachmann, E. T. "INTRODUCTION TO Word and Sacrament." In *Luther's
Works, Vol. 35: Word and Sacrament I*, edited by Jaroslav Jan Pelikan, Hilton
C. Oswald, and Helmut T. Lehmann, vol. 35., Philadelphia: Fortress Press,

1999.

Danz, Christian. "Der Heilige Geist und die Realisierung des Glaubens in der Geschichte. Überlegungen zur systematischen Funktion der Pneumatologie." *HTS Teologiese Studies/Theological Studies 72*, no.4 (2016): 1-7.

実践神学と証言[1]
——20世紀のドイツ語圏の実践神学に 焦点をあてて——

橋本 祐樹

すなわち、実践神学という学問分野が認め、そこに自らの身を置くべき、神学の領域を超える遥かに大きな対話の世界が存在するのである。

ピート・ウォード『実践神学への導き』

はじめに

20世紀の実践神学の展開において人の語りや経験はその意義を大きく変化させてきたと言える。ここでは、ドイツ語圏の実践神学を取り上げて、20世紀におけるその基本的な潮流を概観し、その中でも特に実践神学の実証的な形態をめぐる潮流の意味と課題を確認することを通して、実践神学における人の語りや経験の問題——もとよりそれはことばによって伝えられる——について考察したい。ドイツ語圏においても人の語りや経験に焦点を当てる実践神学は、現代の実践神学の展開の中でも基本的な潮流の一つとして含まれるに至っているが、日本の実践神学研究を顧みれば、その類の実践神学について先駆的な指摘や取り組みはあるもののかなり限定的であり、ドイツ語圏の実証的な実践神学の潮流については充分な

---

1 本稿は『神學研究』第69号（2022年3月）に掲載された拙稿「実践神学における経験の問題に関する一考察——20世紀におけるドイツ語圏の実践神学と実証的展開を中心に」を基に、関西学院大学キリスト教と文化研究センターの理解を得て、先のものとは異なる一般の読者をも想定して手を加え、簡略化したものである。

研究も紹介もされていないのが現状である[2]。この主題に関するドイツ語圏の論稿は数多あるが、ここでは日本の実践神学の現状と教育的関心の視点から、実践神学の導入としての位置付けを持ち、実証的な潮流の意義を認めながらも注意深い問いかけをも含むという点で、ハイデルベルク大学神学部の実践神学者クリスティアン・メラー（Christian Möller, 1940-）による論稿「実践神学の場」（2004）を主たる手がかりとしたい[3]。現代におけるドイツ語圏の実践神学の「この領域で急速に生じた分化と見通し難さ」（S・クライン、2005）[4]があるにも関わらず、それが明瞭な視野を導入的に提供しようと試みている点も有用であろう。

　尚、以下では「ことば」という表現を前面に出すことはせず、本稿が取り上げるドイツ語圏の実践神学の潮流の一つである実証的展開において、人の語りや経験が、数値で表せない類のデータについてはことばを通じて多分に共有される点を深く念頭に置くものである。この理解のもとに、本稿は、現代のドイツ語圏の実践神学の展開を、とりわけその実証的展開を一つの焦点として探求することで、神学におけることばの力の意義に接近しようとするのである。

1. 20世紀におけるドイツ語圏の実践神学への眺望

　まず、私たちの不案内な状況での一定の見通しを得るために、20世紀のドイツ語圏の実践神学の概観を求めたい。メラーによって言

2　ドイツ語圏の現代実践神学の実証的潮流や行動科学としての展開に対する先駆的な言及、参照は僅かながら見出される。例えば森野善右衛門「序文」『総説実践神学Ⅰ』（日本基督教団出版局、1989年）52。神田健次「研究ノート　新しい実践神学のHandbuchをめぐって」『聖書と教会』（日本基督教団出版局、1983年5月）49、及び「地域社会における教会の課題」『地域福祉と教会』（キリスト新聞社、2018年）、54-56。

3　Christian Möller, *Einführung in die Praktische Theologie* (Tübingen: A. Francke Verlag, 2004), 1-24. 尚、このメラーの論稿からの引用及び参照については本文で括弧内に該当頁を表示する。

4　Stephanie Klein, *Erkenntnis und Methode in der Praktischen Theologie* (Stuttgart: Verlag W. Kohlhammer, 2005), 49.

えば、20 世紀におけるドイツ語圏の実践神学の道程は次のようになる。

> その道は、自由主義の方法の問題という「平坦な牧場」から危機の神学の絶壁へと展開した。弁証法神学の影響を受けて、その実践神学のケリュグマ的な形態は、キリスト論の旗印のもとで「神学的実存」を求める呼び声をもって生じた教義神学の応用科学となった。1968 年以降、「実証的転換」は「行動科学」としての実践神学を結果し、それは「神学的な専門知」の要求に応えるために人間科学との対話を求め、その方法を用いるようになった (23)[5]。

　自由主義神学を経て、大戦の経験をもって生ずる弁証法神学の影響下に生ずるのが実践神学のケリュグマ的な潮流だとすれば、やがて 1960 年代末の実証的転換をもって展開するのは実践神学の実証的潮流である。メラーの言葉に拠れば、これを特徴づける語は、人間の生ける実践、行動の原理を総合的な視野から問う行動科学であり、神学的な専門知に応ずるための人間科学との対話にある学際性ということになる。筆者自身も含めて、ある部分ではドイツ語圏の実践神学に強く影響付けられてきた日本の実践神学はカール・バルト（Karl Barth, 1886-1968）やディートリヒ・ボンヘッファー（Dietrich Bonhoeffer, 1906-1945）といった神学者に代表されるような「ケリュグマ的な」実践神学の潮流を、先達による訳書と研究の労作の恩恵によって確かに知らされている。しかし、ここで言われるもう一方の実践神学の実証的な展開についてはどうなのか。メラーは続ける。

> 人間科学とのこのような対話は、実践神学の霊的な形態へと向かう道程でも途切れることはなかったが、作家や詩人との対話にお

5　バルトの表現についてはカール・バルト、小川圭司訳『ローマ書講解　上』（平凡社ライブラリー、2001 年）38 を参照。

ける認識の学として、より幅広く、より包括的になっていった——
——宗教的なものの現前のうちに「経験に伴う経験」に達するよう
神学を助けてくれるようなあらゆる傾聴すべき経験を、注意深く
認めることによって（24）。

　ここで述べられていることの一つは、20世紀の実践神学のもう一
つの行き方である実践神学の霊的な形態であり、潮流である。その
形態の道行きの中でも、人間科学との対話に自らを据え、その方法
を援用するところの実践神学の潮流は「途切れることはなかった」
と言われる。例えばルドルフ・ボーレン（Rudolf Bohren, 1920-2010）
の名によって表示される実践神学の「霊的な」展開の一端を、これ
も先達の翻訳と研究の労作によって日本の実践神学は知らされてい
る。しかし、その展開の道程においても決して途切れなかったと言
われるドイツ語圏の実践神学の潮流については果たしてどうなので
あろうか。

　ドイツ語圏における20世紀の「見通し難さ」を伴った実践神学
に関する、メラーによる主要な潮流の見立てから、それぞれの潮
流の言わば見出しを踏まえた上で、ここから個々の内容を辿ってお
くことは実証的な潮流の意味及び位置を理解するためにも求められ
る。もちろん、それぞれの潮流はただ独立して形成されるというの
ではなく、個々の神学者において相互に影響し合い、時に混淆する
ものである。

2. ケリュグマと聖霊論と実践神学

　まず、20世紀におけるドイツ語圏の実践神学のケリュグマ的な形
態の枠組みにおいて、メラーがその名を挙げるのはバルト、エドゥ
アルト・トゥルナイゼン（Eduard Thurneysen, 1888-1974）、ボンヘッ
ファー、そしてエルンスト・ランゲ（Ernst Lange, 1927-1974）らである。
その背景は次のように論述される。

結局、実践神学としては、例えば自由主義神学に属する指導的な実践神学者の一人であったハイデルベルクのフリードリヒ・ニーベルガルによる「いかに私たちは近代化した人間に伝えるのか？」という実践的な問いは空振りしたのであり、取るに足らないことに没頭することになったのである。彼を黙らせたのは、事柄についての反問であった。すなわち、何を人に伝えるべきであるのかも、なぜ人に尚も何かを伝えるべきであるのかも、もはや分からなくなっている時に、いかに近代化した人間に伝えるかを問うべきなのだろうか（10f）。

メラーが述べる通り、ニーベルガル（Friedrich Niebergall, 1866-1932）のような神学的問いの立て方を、バルトは自身の『ローマ書講解』において「実践神学の平坦な牧場」[6]と断じたわけであるが、最初の世界大戦後の危機においては、その「いかに」をめぐる「平坦な」問いよりも、神についてなお何かを語ることが可能であるかを問うことが遥かに根本的であると見出されたのであった。先のような物言いをするバルト自身の事柄をめぐる問いは、これも皮肉めいているが、よく知られるようになった次の神学的な命題に表示される。

神学者として私たちは神について語るべきである。しかし、私たちは人間であり、自分自身で神について語ることはできない。私たちは、自らの当為［なすべきこと］と不可能の両者を知り、まさにそれによって神に栄光を帰すべきなのである。それが私たちの苦悩である。このことに比べれば、他のすべては児戯に等しい[7]。

---

6 バルト『ローマ書講解 上』38。
7 カール・バルト、大宮溥訳「神学の課題としての神の言葉」『カール・バルト著作集1』（新教出版社、1968年）169を参照。

　メラーの表現から言えば、ケリュグマ的な神学へのこのような転換を実践神学の領域において果敢に継承して展開したのはトゥルナイゼンであり（『神の言葉と教会』1927 年）、彼は神からこそ出発して、裁きと恵みのうちにこれを告知することが重要であるゆえに、人間的なものは説教から消滅せねばならないというのであった[8]。ここにおいて「平坦な牧場」の次元での問いは今や後退するのであり、事柄の発見から自ずと方法は生ずると見られる通り、実践神学においても究極的な問題は今や福音宣教の内容の問題となる。さらに、名を挙げられるのはランゲであるが、彼は、ベルリン教会単科大学での講義においてボンヘッファーからの影響を表示しており、その主題は「他者のための教会——現代の教会の責任ある形態の問題に対するディートリッヒ・ボンヘッファーの貢献」であった[9]。メラーはこのランゲの実践神学の展開について次のように述べている。

　　ランゲはすでに 1960 年の店の教会の試みによって「他者のための教会」への道を歩み出していたのであるが、今や実践神学者として、そしてエキュメニカルな洞察者として、和解のプロセスの文脈で福音のコミュニケーション理論の作用を求めるという、実践神学の根本的特質を展開した（6f）。

　ランゲがベルリン・シュパンダウにおいて商店を用いた「店の教会」のプロジェクトを展開したことは知られている。ボンヘッファーの神学的示唆に影響付けられて、ランゲの実践神学は現場での実践との有機的な関わりの中で展開するのであり、そこには当時の教会実践と組織の形骸化、並びに一方的な告知への排他的集中を乗り越えようとする「福音のコミュニケーション」の構想が含まれていた。

8　エドゥアルト・トゥルナイゼン、池永倫明訳「説教の課題」『トゥルナイゼン著作集4』（新教出版社、1990 年）127-160、特に 131 及び 136 以下。

9　Ernst Lange, *Kirche für die Welt: Aufsätze zur Theorie kirchlichen Handelns* (München: Chr. Kaiser Verlag; Gelnhausen: Burckhardthaus Verlag, 1981), 19-62.

メラーによっては、そこに見られる教会的な行動の理論について、ケリュグマ的な実践神学を越え出る「実践神学の行動指向的で実証的な形態への転換への兆しがある」と見出される (7)。

次に、20世紀におけるドイツ語圏の実践神学の霊的な形態に関して、実践神学の美学的志向をも内包して、その担い手として挙げられるのは、ボーレン、フルベルト・シュテフェンスキ (Fulbert Steffensky, 1933-)、マンフレット・ヨズッティス (Manfred Josuttis, 1936-2018)、アルブレヒト・グレツィンガー (Albrecht Grözinger, 1949-)、そしてマルティン・ニコル (Martin Nicol, 1953-) らである。メラーによれば、この形態に関して、多くの刺激を周囲に与えることになった最初の提案はボーレンによる聖霊論的なアクセントを持った彼の作品である。その『説教学』(1971年) では説教の基礎付けのために聖霊論が展開され、さらに彼の『神が美しくなられるために——神学的美学としての実践神学』(1975年) では実践神学全体を聖霊論に基礎を置く神学的美学として把握することが試みられた (8)。

　　実践神学のケリュグマ的な形態と実証的な形態に対して、ここに第三の道が拓かれる。ケリュグマ的な神学のキリスト論的な展開に対して、その聖霊論的なアプローチは新しい可能性をもたらす。ボーレンは、オランダの神学者ファン・ルーラーに倣って「神律的相互関係」の概念を用いて次のように明かしている。すなわち、「『神律的相互関係』とは、神に定められた相互作用、対照作用として一種の交換であり、『キリスト論固有の』非寛容性を止揚する特徴的なパートナーシップを意味するのである」(20f)[10]。

順序の別は問わないとして、本稿の課題としては、ここで実践神

10　ルドルフ・ボーレン、加藤常昭訳『説教学Ⅰ』(日本基督教団出版局、1977年) 123 を参照。

学の「聖霊論的な」潮流が問題である。メラーの理解によれば、ケリュグマ的な強調を示す実践神学がキリスト論を志向したのに対して、このアプローチは、ボーレンにおいて、神律的相互関係の概念をもって、キリスト論的集中に伴うある種の狭さ——メラーの用語では非寛容性——を突破する。「聖霊のパートナーシップにおいて方法、芸術、技術、科学は、それらが聖霊のもたらす危機に巻き込まれる時にも、排除されることはない」[11]。ここに、聖霊論とその互恵性の概念によって、実践神学が有機的な関わりを持つ対象として、方法、芸術、技術、科学は、対立的な排除の対象となることなく包摂される。しかし、これを包摂しながらも、「『聖霊の危機』は、実証的神学とその方法への陶酔というもう一方の側面に対しては批判的な先端であり、あらゆる方法の拘束からの自由をも意味する」(21)。ボーレンの実践神学の形成を具体的に刺激する要素の一つは神学と文学の境界の行き来であり、例えばその『説教学』にも文学的な性質が表示されている。

　ボーレンから最も多くの影響を受けたと言われる、聖なるものとの出会いとしての宗教を自らの実践神学の主題とするヨズッティスは、宗教哲学者ヘルマン・シュミッツ（Hermann Schmitz, 1928-2021）の宗教現象学からの影響を「第二の方向性」として有すると見られる (8)。彼の礼拝論を展開する『いのちへの道：行動科学の基礎の上での礼拝への導入』(1991 年) からも行動科学としての実践神学の方向性が大きく押し出されているのが確認されるのであり、さらにボーレンに由来する聖霊論的な志向は極めて顕著である。ボーレンにも捧げられた彼の著作『私たちの国民教会と聖徒のゲマインデ』(1997 年) において——ボーレンは著作の冒頭で名を挙げられた 3 人のうちの最初の 1 人である——ヨズッティスは、「職業教育が霊の受領に仕え、霊の賜物に資するために、神学はいかなるものでなければならないか？」と自ら問い、これに対して「神学の情報を提供

11　ボーレン『説教学 I』124。

する以上のものを伝えようとする職業教育は、霊感の受容を導入せねばならない」と自ら答えている[12]。さらにこの問題に関連して、聖霊の独立性と自由の観点を踏まえた上で、キリスト教の展開における霊の受容のための内的及び外的な備えに関するあり方の展開の視野から、ヨズッティスは次のように理解を結ぶ。

> このような生の形成の目標は、純粋な教説でも感情的な純粋性でもない。むしろ、人間理性と個人的感情を空疎にして、神の充溢の影響に向けて自らを開こうとするあの媒介能力のある実存である。これは取り扱いの困難な、秘儀に満ちる、決して計り知れない、そして決して完全なものになることのない出来事である。しかし、この出来事によって聖霊は人間に対する癒しの力を獲得し、認識と感情の持ち主は神学に奉仕できるようにされる。霊性という生の文脈の中で霊感は出来事となる[13]。

　ヨズッティスに関するメラーの表現からこれをまとめるならば、神学者は再び霊的であるべきなのであり、それは聖霊の受領に向けてひらかれた媒介能力のある実存の習得によって方法的に可能とされるのである（22）。この形態に関連して、さらに残る実践神学者の名と主題を取り上げておくならば、実践神学を「認知の芸術」として美学的に理解するグレッツィンガー、ボーレンの影響を受けて同様の美学的志向をもって演劇的な説教学の構想に至ったニコル、そして内側からではなく外側から内面性を立てるべく「日常の霊性」を展開するシュテフェンスキが挙げられる（8f, 21ff）。

12　Manfred Josuttis, *Unsere Volkskirche und die Gemeinde der Heiligen* (Gütersloh: Chr. Kaiser/ Gütersloher Verlagshaus, 1997), 72, 82.

13　Josuttis, *Unsere Volkskirche und die Gemeinde der Heiligen,* 83.

3. 実践神学と証言

　現代におけるドイツ語圏の実践神学における実証的な潮流を取り上げる上で、メラーはまず、その予兆ないし背景について取り上げる。実践神学のケリュグマ的な潮流については「プロテスタント教会のケリュグマ的な展開とまさしく同様に、戦後かなり支配的なものとなり、神学と教会において別のアクセントが、もしや反動が生じるのは時間の問題であった」(13)。ケリュグマ的な神学の言説や標語が状況にそぐわなくなり、異なる神学と教会的実践が求められる土壌が成立し始めていたとすれば、メラーがその新しい方向への明瞭な調子として取り上げるのは、先にも触れた、やがてベルリン教会単科大学の実践神学者となるランゲによる店の教会の実践である。1960年2月、ベルリン・シュパンダウにおいて新たな形態の教会活動がランゲを通じて設置され、「店の教会のための7つのテーゼ」が表示された。

1. 私たちは「儀式執行」から脱却して、生きたゲマインデの集まりへと私たちの礼拝を変えていきたい……。
2. 私たちは匿名の「教会訪問」から脱却して、主の現存のもとで共に生きる生活を求めたい。
3. 私たちは隙間のないゲマインデ・プログラムの興奮に満ちた慌ただしさを脱却して、神と兄弟たちとの自由な空間を形成したい。
4. 私たちは施しの敬虔を脱却して、隣人への奉仕に生きたい。
5. 私たちは「演台伝道」を脱却して、日常の友の前で信仰の持続的な責任を果たしたい。
6. 私たちは「信仰の移植」から脱却して、信仰を相互的に学び合いたい。
7. 私たちは消費するキリスト教から脱却して、持つものすべてを神

のために備えるキリスト教的な善き管理者でありたい[14]。

　ランゲはキリスト教の青年活動にも関わりを持ち、そこでキリスト教に変化を求める青年世代の感性に触れていたことが指摘される（13）。しかし、旧来のあり方との齟齬が明確化されたのであって、どのような具体的な形態が現実に求められるかは明らかではなかった。ランゲの実践とテーゼによって変化へのしるしが立てられた後の展開として、さらに指摘されるのは、この試みの拡大された仕方での継続であり、その変化への試みは実践神学にも及んだという点であるが、象徴的なものとして取り上げられるのは著名な実践神学の雑誌『牧会神学』の『教会と社会のための学問と実践』への改題であり、影響力を持った『ゲッティンゲン説教黙想』に対する、ランゲの提案による聞き手の状況を大きく強調する『説教研究』の躍進である（13f）。この後の論述を先取って言えば、これらの変化への兆しの上で展開する一つの方向は、「聖書テキストに対する歴史 - 批評的研究を補完するもの、あるいはそれをまったく代替するものとして、今や実証 - 批評的研究が広められた」（14）という言葉で表示されよう。

　このような予兆と文脈の指摘の上で、決定的なものとして取り上げられるのが、ベルン大学の実践神学と宗教教育の教授であったクラウス・ヴェーゲナスト（Klaus Wegenast, 1929-2006）によって1968年より展開された宗教教育の「実証的転換」である[15]。ヴェーゲナストによれば、「私たちは宗教教育の実践に関する徹底的に主観的な印象から離別しなければならない。何れにせよ、私たちの偶発的な印象を宗教教育の有効なイメージへと据え上げることを回避せねばならないのである」[16]。ここで言われることの焦点は、教条主義的な

14　Lange, *Kirche für die Welt*, 63.

15　Klaus Wegenast, "Die empirische Wendung in der Religionspädagogik," *Zeitschrift für Pädagogik und Theologie 20* (1968): 111-25.

16　Wegenast, "Die empirische Wendung in der Religionspädagogik," 115.

理念的教育論の下にある人間の実証的な現実の解放のようである。メラーの言葉を取れば、それは「理想による独裁に直面している実証的な現実を助け起こし、偽りとなった標語の圧政——それは人間に自分自身であることを許さない——を克服することを意味していた」(14)。ヴェーゲナスト自身、自らの論文の冒頭で、ドイツの教育学者ハインリッヒ・ロート(Heinrich Roth, 1906-1983)の言葉を借りて次のように象徴的に語らせている。

> 実証研究は……理想と現実の間の矛盾を明らかにし、私たちの教育的な美しい言い繕いの幻想を剥ぎ取る好機であり、偽りと化した言葉の暴政下での隷属を断ち切る……助けとなるであろう[17]。

このように実践神学における実証研究の意義を確認しながら、メラーが同時に、ヴェーゲナストによる実証的な実践神学の限界付けをも注意深く拾い上げているのは注意を引く。すなわち、実証研究は万能薬でも治療でもなく「診断でしかない」のであるが、「診断なしには適切な治療はない! ゆえに、神学や神学的な教育理論が成功を求めるのであれば、宗教教育をめぐる私たちの状況において実証研究が必要なのである」[18]。翻って、テキストに固着する説教への徹底した信頼のゆえに聞き手と語り手の状況を通り過ぎるものと見られた弁証法神学の説教学に向けたランゲの問い、並びに、同じく人間の経験に聞く実証的な心理学の意義を認めることのないケリュグマ的に特徴付けられた牧会学に向けた人間の所与性の軽視をめぐる非難が取り上げられた上で、対照となる実証的な実践神学のその後の隆盛の事由が、ヴェーゲナストの次の言葉によって確認される。

> 常に存在する教条主義の脅威から教育学を守ることができるのは

---

17 Wegenast, "Die empirische Wendung in der Religionspädagogik," 111. ロートの原文を確認すると、引用文の省略はヴェーゲナストによるもの。

18 Wegenast, "Die empirische Wendung in der Religionspädagogik," 116.

実証研究であり、また、その理想的な目標の実現可能性を繰り返し検証し、場合によっては、設定された目標に到達させ得る、従来の通例のものよりもより良い手段を見出すための場に教育学を据えることができるのは、実証研究なのである[19]。

この実証研究の消極的、及び積極的側面から見出された意義に、実践神学の実証的転換と、1968 年以降のその実証的な展開の「凱旋行進」、豊かな成果の理由があると見出される（15）。そして、そのような実りの事例として、メラーが名を挙げる実践神学者に、カール・ヴィルヘルム・ダーム（Karl-Wilhelm Dahm, 1931-）、ゲルト・オットー（Gert Otto, 1927-2005）、ディートリヒ・レスラー（Dietrich Rössler, 1927-2021）が挙げられる。ごく短く取り上げれば、まずダームは彼の『牧師の職務』（1971 年）の副題「私たちの社会における教会と宗教の機能に関する実証的な局面」が示す通り、著述を通して実証的な転換を遂行するのであり、社会学的な観察方法を通じて牧師ないし教会が社会において実際に何を果たしているか、そして何を果たし得るかを問おうとした[20]。次にオットーは、彼の『実践神学の基礎付け』（1986 年）において、フランクフルト学派の批判理論を用いて教会と社会の実証的な局面を考察する。その主要な関心の一つは教会論的な狭さの克服にあり、そのテーゼは「実践神学は教会職務の行動の理論ではなく、社会において宗教的に媒介された実践の批判的理論である」と定められ、ここから典礼、説教、牧会といった従来の実践神学の領域による構成は解消されて、解釈学、修辞学、教育学等の視点による構成への置換が試みられた[21]。最後に『実践神学の見取り図』（1986 年）を著したレスラーであるが、彼は現代の教

---

19 Wegenast, "Die empirische Wendung in der Religionspädagogik," 118.

20 Karl-Wilhelm Dahm, *Beruf Pfarrer: Empirische Aspekte zur Funktion von Kirche und Religion in Unserer Gesellschaft* (München: Claudius Verlag, 1971).

21 Gert Otto, *Grundlegung der Praktischen Theologie* (München: Chr. Kaiser Verlag, 1986), 21f.

会的、宗教的、社会的な経験に関する個人の実証的な局面から出発
して、それらから個人、教会、公共の形態を伴うキリスト教の理論
への形成を試みる[22]。レスラーにおいて実践神学は「キリスト教的な
伝承の原理と現在的な経験の洞察との、科学的理論に向けた結合で
あり、その理論は教会の歴史的な形態と、キリスト者の共に生きる
生活に対する責任の基礎を構築する」[23] ものなのである。

　残された紙幅は限られているが、ここで、メラーと共に、そして
部分的にはメラーをも超えて、ドイツ語圏における 20 世紀の実践
神学の展開における実証的な実践神学の看過し得ない位置を認めた
上でその展開に関わる批判的な視座をも考察に組み入れることが必
要である。レスラー、ゲルハルト・エーベリンク（Gerhard Ebeling,
1912-2001）、メラー以降の実践神学の展開との関連に限定して取り
上げたい。まず、先ほど取り上げたオットーの実践神学にも、また
日本の実践神学の領域でも一部からいくらかの関心を向けられて
きた、行動科学の影響のもとで展開した『実践神学ハンドブック』
（Handbuch der Praktischen Theologie, Bd.1-4, Gütersloh, 1981-87）にも重
ね得る視点と思われるが、実践神学の新たな体系論の問題である。
レスラーもまた、彼の『実践神学の見取り図』（1986 年）において、
従来の実践神学の領域毎の構成を離れ、実践神学が関わるあらゆる
問題を個人（第 1 部）、教会（第 2 部）、そして社会（第 3 部）に割り
当てる。しかし、「記述には非常に多くの規範が差し挟まれ得る」
（16）。この試みはメラーによって「人を魅惑する体系論」とされな
がらも、このような体系論のもとでは歴史的発展や実証的現実の描
写は規定を含むものとなったり、あるいは特定の現象を見落とした
り排除したりしかねないとして、必然的に「暴力的に」ならないか
危惧される（16）。尚、ドイツ語圏で出版された近年の実践神学総論
としてハイデルベルクの実践神学者ヘルムート・シュヴィア（Helmut

22 Dietrich Rössler, *Grundriß der Praktischen Theologie* (Berlin u.a.: Walter de Gruyter, 1986).

23 Rössler, *Grundriß der Praktischen Theologie*, 3.

Schwier, 1959-）から高い評価を受ける文献である、イゾルデ・カル
レ（Isolde Karle, 1963-）による『実践神学』（2020 年）[24] ——本稿もこ
の研究を部分的に参照している——は、今日の実践神学が置かれる
前提と文脈について多くの論述を割きながらも従来の領域毎の構成
に回帰した。

　次に、エーベリンクからの神学における経験の問題の視点である。
メラーは、ゲッティンゲンでのエーベリンクの講演（1974 年）を、
神学の実証的転換以降の「新たな転換」の局面として取り上げ、評
価する（16）。この講演は、ルター神学への接続を伴う、「自らの事
柄を問うものとしての神学における経験の欠けへの嘆き」[25] を主題と
するものであるが、確かに、ルターが「経験ガ神学者ヲツクル」（WA
TR 1, 16）の表明によってスコラ学の思弁神学に対抗したとすれば、
宗教改革の伝統に通ずる神学が安易に人間の経験の次元を軽視し、
喪失する時、それは自らの基礎を危うくすることに繋がりかねない
（17）。とは言え、ルターへの接続は、宗教改革に通ずる神学におけ
る経験の位置付けに結びつくのみならず、エーベリンクを神学にお
ける経験の批判的な視野へと、注意深く導いている。

　　　肥大した経験は、日常的な生の経験やその諸条件の萎縮を伴う。
　　　科学的な経験の言語だけがその克服のために投入され、そこで日
　　　常の用語に書き換えられたとしても、この不均衡は長く改められ
　　　得ない。それは生の経験を促進するというよりも、むしろ妨げる
　　　のである[26]。

　単なる経験をめぐる議論の隆盛ではもちろんなく、またごく限定
された一面的な経験に関する焦点の拡大というのでもなく、「経験

24　Isolde Karle, *Praktische Theologie* (Leipzig: Evangelische Verlagsanstalt, 2020).

25　Gerhard Ebeling, *Wort und Glaube III* (Tübingen: J.C.B. Mohr, 1975), 3-28.

26　Ebeling, *Wort und Glaube III*, 23.

120

に伴う経験」が問われている。すなわち、この批判的視野を積極的
な仕方で展開し、エーベリンクは、単なる経験の導入ではなく、世
界経験、自己経験、そして神経験の相互的な作用を望むのであり、
自己経験と世界経験を神との関係に置くことによっては「あらゆる
経験に伴う神に適う経験」が見出される（17）[27]。換言して、「経験と
の対決が神学的に反映され、信仰の理解と生活に統合されること」
を求めるのである[28]。いかにもメラーは実証的な実践神学の展開の陥
穽を次のように描写した。

> 実証的転換の後、実践神学は奔放な経験の導入に身を委ね、もは
> や神学と認められないほどになっていたのである。牧会学は「教
> 会的文脈における心理療法として」、ディアコニアは「教会的文脈
> における社会奉仕」として、説教学は「宗教的な修辞学」として
> 言い立てられた。実践神学が、他の場所でとっくに形成されて動
> き出した流れにただ乗り込むだけでは、実際的な経験の欠けは拡
> 大するばかりである（17f）。

　実証的転換以降の実践神学のあり方に対するこのような認識の中
で、神学的に十分な意味での「経験に伴う経験」を求めながら、メラー
は、この術語で表示される転換が「人間は自らによってどこまで行
くのか、そしてその時々にどこへ行くのか」を実証的転換に向けて
問うのだと述べるのである（17）。
　最後に、ドイツ語圏の近年の実践神学の視点から、とくに本稿が
すでにその名を挙げたボーフムの実践神学者カルレの研究を参照し
て若干の考察を加えておきたい。一点目は、ドイツ語圏の実践神学
に生じた実証的転換とそれ以降の展開をめぐっては実践神学の異な
る2つの潮流との対照の中にその位置が認められたが、その展開の

---

27 Ebeling, *Wort und Glaube III*, 24-28, 25f.
28 Ebeling, *Wort und Glaube III*, 26.

内実をさらにどのように把握することができるのであろうか。ドイツ語圏の実践神学の展開を、カルレは次のように端的に描写する。

　　実践神学ではここ数年と数十年で盛んに実証研究が行われている。実証的転換は 1960 年代にすでに開始されたが、当初は他の科学の研究成果の受容が課題であったのに対して、現在では独自に実証研究を遂行することが主たる課題である。実践神学は「生きた宗教」を探求し、牧師職や宗教的教説の現場で生じる問題を実証的に調査するべく、社会科学の方法と実証的な宗教研究を参照する。ここで焦点になるのは質的研究であり、その助けによって種々のグループの（宗教的・霊的）経験や理解を明らかにし、解釈するのである。……それのみならず意義のある量的研究も行われている。ドイツ福音主義教会が 10 年ごとに実施し、実践神学の観点で考察される教会員に関する調査、地域教会に関する調査、宗教（間）教育、教会および学校授業、価値観形成に関する実証的な調査がその事例である[29]。

　異なる実証的な研究成果の援用に留まらず、「独自に」実証的に研究することが問われている実践神学の現在と、その文脈の中で教会に関わる種々の主題、多様な対象に向けて質的に、量的に実践神学が展開される現状が確認される。カルレによるこの説明は、ある面では単純化のきらいがあるとも見られ得る、ケリュグマ的、霊的な実践神学の潮流に対してその実証的な潮流を並置したメラーの見方、すなわち現代におけるドイツ語圏の実践神学の実証的展開という焦点を支えるものともなろう。さらに二点目として、実証的転換以降の経験の導入における実践神学の陥穽が確認された上で信仰に関わる経験の視点から批判的な指摘がなされたが、この点について何を加えることができるのであろうか。

29　Karle, *Praktische Theologie*, 15f.

　一方では、実践神学は、実践に関する理解、現代の生活世界の分析、生活への導きに役立つ、学際的な科学的視点と方法に開かれている。他方では、実践神学は、神学という学問分野としての文脈を得るべく繰り返し苦心するのであり、実践神学の領域と問題設定を、どのように確かな仕方で、かつ信仰、キリスト教、教会の観点との関連において規定すべきであるのか、またすべきでないのかという問題と取り組むのである。ある面では、実践神学における学際性の高さと実証研究の重視が実践神学研究の地平を拡大したこと、そして現代における生きた宗教と文化について多様な洞察と大きな刺激を与えてきたことに否定の余地はない。別の面では、異なる学問領域への強い志向性は、否応なしに、ある種の自己世俗化を伴っている[30]。

　多様で複雑な現実に関わる課題に応じることを望み、かつ現代の学問の領域で営まれる側面を持つ実践神学のあり方に不可避に付随する学際性に関して、実践神学がこれに基本的に開かれて立つことが確認された上で、その裏面にある実践神学の「自己世俗化」への不可避の傾向までが指摘される。ゆえに、信仰との関わりへの一面的な担保を安易に求めることなく、カルレはこれを「単純な解決策がない問題」とし、学際性の裏面がもたらす実践神学への挑戦を受け止めた上で、実践神学の営みに関しては「学際的な外部志向と非神学的な思考に対する反省的な距離」を認めることが基本となると見る[31]。最後の点として、先の点とも結びつくが、実践神学の現代の学問として求められる性質と、専門職の養成としての側面の区別と接続に関する問題である。カルレは、実践神学者パウル・ドリュー

---

30 Karle, *Praktische Theologie*, 21.
31 Karle, *Praktische Theologie*, 22.「決然とした神学的な仕方で自己省察を行うことにより、学際的な対話はより困難になるのではなく、互恵的な学び、同じ目の高さでの出会いという意味で、より豊かなものとなろう」ともカルレは述べている (27)。

ス（Paul Drews, 1858-1912）——社会や人間の現実に対する科学的な
仕方での接近が不十分であることを指摘して、大学の領域における
実践神学と現実の実践に直接的に仕える実践神学の展開との区別を
求めた——を参照しながら、実践神学が持つ専門職に関する職業訓
練の機能を指摘した上で、これらの接続をも表示する。

> 実践神学は職業訓練の機能を持つ。これには宗教的な実践が専門
> 的、教会的な演習を超えて多様な仕方で生起するという事実が含
> まれている。学問的な幅広さ、学際性、専門職養成の文脈は相互
> に競合するのではなく、むしろ刺激を与え合い、相互を豊かにす
> るのである[32]。

　実証的な展開を含む実践神学の学際性を帯びた展開と、信仰と教
会に根ざし、それらとそれらを超えて差し向けられる実践神学の専
門職養成の側面は、実践の実際的な多様さとの関連において結び付
けられる。「実践神学は、専門職にのみ還元されるものではないが、
専門職に結びつく学問である」[33]。経験の導入によって形を変えた実
践神学に、信仰や教会への単なる安易な回帰を求めるのではなく、
その機能の別を認め、その実際的な実践の観点から両者を切り結ぶ
あり方を展望するのである。

おわりに

　生きた人間の語りや経験に密接に関連付けられたドイツ語圏にお
ける現代の実践神学の潮流は、ここまで明らかにされてきたように、
ケリュグマ的、聖霊論的な実践神学の潮流との対照の中で、その位
置を確かに据えられた。20世紀のドイツ語圏の実践神学は、宗教教

32　Karle, *Praktische Theologie*, 29.

33　Karle, *Praktische Theologie*, 29.

育の領域における 1960 年代末の実証的転換を一つの契機として新
たな潮流を生み出し、大きく展開したのであり、一つの言い方をす
れば、それこそは実践神学における証言、人の語りに結びついたこ
とばの力の表示に他ならないし、敢えて付言すれば、それは詰まる
ところ神のことばの力の表示にさえ結びついている。そして、その
展開の道程においては、実践神学の実証的な展開との関連で、実践
神学の意味やあり方をめぐって、実践神学にとっての根本的な議論
が生じた点も看取された。「神学は経験科学との対話において神学
独自の経験として何を提示すべきなのか」(18) というメラーの言葉
は、カルレを通じたいくらか発展的な視点を経て、今日の実践神学
が、キリスト教に関連する主題に対する実証的な研究方法を用いた
研究を、その意義と課題を含めて認めるにとどまらず、キリスト教
の実践に益するべく、その固有の内容と理解をいかなる仕方で論じ
得るか、そしてこれを生み出す契機となり得るかを、積極的な意味
においても問いかけるように思われてならない。

参考文献

神田健次「地域社会における教会の課題」『地域福祉と教会』キリスト新
　　聞社、2018 年。

神田健次「研究ノート　新しい実践神学の Handbuch をめぐって」『聖書
　　と教会』日本基督教団出版局、1983 年 5 月。

トゥルナイゼン、エドゥアルト、池永倫明訳「説教の課題」『トゥルナイ
　　ゼン著作集 4』新教出版社、1990 年。

バルト、カール、小川圭司訳『ローマ書講解　上』平凡社ライブラリー、
　　2001 年。

バルト、カール、大宮溥訳「神学の課題としての神の言葉」『カール・バ
　　ルト著作集 1』新教出版社、1968 年。

ボーレン、ルドルフ、加藤常昭訳『説教学 I』日本基督教団出版局、1977 年。

森野善右衛門「序文」『総説実践神学 I』日本基督教団出版局、1989 年。

Dahm, Karl-Wilhelm. *Beruf Pfarrer: Empirische Aspekte zur Funktion von Kirche und Religion in Unserer Gesellschaft.* München: Claudius Verlag, 1971.

Ebeling, Gerhard. *Wort und Glaube III*, Tübingen: J.C.B. Mohr, 1975.

Josuttis, Manfred. *Unsere Volkskirche und die Gemeinde der Heiligen.* Gütersloh: Chr. Kaiser/ Gütersloher Verlagshaus, 1997.

Karle, Isolde. *Praktische Theologie.* Leipzig: Evangelische Verlagsanstalt, 2020.

Klein, Stephanie. *Erkenntnis und Methode in der Praktischen Theologie.* Stuttgart: Verlag W. Kohlhammer, 2005.

Lange, Ernst. *Kirche für die Welt: Aufsätze zur Theorie kirchlichen Handelns.* München: Chr. Kaiser Verlag; Gelnhausen: Burckhardthaus Verlag, 1981.

Möller, Christian. *Einführung in die Praktische Theologie.* Tübingen: A. Francke Verlag, 2004.

Otto, Gert. *Grundlegung der Praktischen Theologie.* München: Chr. Kaiser Verlag, 1986.

Rössler, Dietrich. *Grundriß der Praktischen Theologie.* Berlin: Walter de Gruyter, 1986.

Wegenast, Klaus. "Die empirische Wendung in der Religionspädagogik." *Zeitschrift für Pädagogik und Theologie* 20 (1968): 111-125.

言葉とサクラメント
——特にテゼ共同体の実践に注目して——

打樋 啓史

　もしわたしたちが、エウカリスティアへの、また神のみことばへの、
子どものような信頼を失うとしたら……。

ブラザー・ロジェ『テゼの源泉』

はじめに

　キリスト教の礼拝・典礼において、またそこから形作られる教会
とキリスト者の生全体にとって、言葉とサクラメント[1]の両者が中心
的な要素であり、それらが不可分の一体を成すことは、今日教派を
問わず広く認識されるようになった[2]。
　そもそも言葉（聖書朗読と説教、また祈りや賛美の言葉）とサクラメ
ント（特に毎週の礼拝で執行される聖餐）が一体のものとしてキリス
ト教の礼拝を構成することは、初期キリスト教の実践に確認できる。

1 　「サクラメント」という語は、ギリシア語で「秘義」を意味する μυστήριον に由来
　し、そのラテン語訳 sacramentum を最初に聖餐について用いたのは 3 世紀の教父
　キプリアヌスである。日本では教派によって「秘跡」「機密」「聖礼典」「聖奠」な
　どと訳が異なるが、見えない神の恵みの見える特別なしるしで、その恵みを与え
　る儀式や形式を指す。カトリック教会では 12 世紀以来、洗礼、堅信、聖体、ゆるし、
　病者の塗油、叙階、結婚という 7 つのサクラメントが定められ、プロテスタント
　ではこれに対して洗礼と聖餐のみをキリストによって制定されたサクラメントと
　見なした。

2 　Duncan B. Forrester, J. Ian H. McDonald, and Gian Tellini, *Encounter with God: An
　Introduction to Christian Worship and Practice,* 2nd edition (Edinburgh: T&T Clark,
　1996) 桑原昭訳『神との出会い——現代の礼拝論』（一麦出版社、2012 年）77-78
　を参照。

2世紀半ばのユスティノスの著作『第一弁明』は、礼拝の実践についての最古の証言として、当時のローマで行われた主日礼拝の様子を描写する[3]。その報告から、礼拝は聖書朗読、説教、とりなしの祈りという「言葉」から成る前半部と、パンとぶどう酒を聖別しそれに与る儀式、つまり「サクラメント」[4]から成る後半部によって構成されていたことが分かり、前半部と後半部が不可分の一体性を持ち、前半部は後半部を目指すものであったことが示される。

しかし、16世紀の宗教改革以来、何世紀にもわたる論争的文脈の中で、言葉とサクラメントの二分化が行われ、「言葉のプロテスタント教会」と「サクラメントのカトリック教会」という対立構造が維持されることになった。これは、プロテスタントが、説教を礼拝の中心に置き、それを直接に聞くこと、知性によって理解することを重視したのに対して、カトリックは、ミサとしてのサクラメントの儀礼を中心とし、視覚等の感覚でそれに与ることに重きを置く、という対照図式による捉え方であったとも言えよう[5]。

19世紀の聖書学と教父学の復興によって、ようやく言葉とサクラメントの対立が不健全・不適切なものであるとの認識が始まり、20世紀にはエキュメニカル運動と礼拝刷新運動の進展によって、プロテスタント、カトリックの両者ともが、従来の論争的立場を超えて、言葉とサクラメントの関係、それらの一体性についての新しい理解へと開かれていき、両者の相互補完性の回復のための試みがなされるようになった[6]。

---

3 ユスティノス『第一弁明』67章。邦訳は、柴田有・三小田敏男訳『キリスト教教父著作集1 ユスティノス』（教文館、1992年）85-86.

4 ユスティノスはここで「サクラメント」の原語である μυστήριον を聖餐に用いていないが、その前の66章で聖別されたパンと杯のことを εὐχαριστία と呼び、これが普通の食物ではなくイエスの肉と血であると強調する。『キリスト教教父著作集1 ユスティノス』84を参照。

5 高柳俊一「シンポジウム　主題：言葉の宗教とサクラメントの宗教　発題1：カトリック神学の立場から」『日本の神学』第38号（1999年）162-167を参照。

6 教皇フランシスコは記す。「わたしたちはもう、みことばと秘跡の間のふるめかしい対置を乗り越えています。」教皇フランシスコ、日本カトリック新福音化委員会

　このような視点からの「言葉とサクラメントの神学」の研究は、特にカトリックの神学者によって意欲的に進められた。ラーナー、スヒレベークスらの研究は第2バチカン公会議に影響を与え、その後ショーヴェらがこの研究を発展させた[7]。これらの研究の基礎となったのは、聖書学の成果に基づく「神の御言（The Word of God）」についての新たな理解であった。「神の御言」を神の自己伝達・自己啓示としてその動的な性質を強調し、聖書と説教の「言葉」も聖餐の「サクラメント」もこの「御言」を媒介するものとしてとらえるという理解である。

　ここでは、「神の御言」の媒介という視点から礼拝における言葉とサクラメントをとらえる比較的新しい英語圏の研究を概観した上で、特に礼拝・典礼における言葉のサクラメンタルな意義について、20世紀に生まれたエキュメニカルな修道会であるテゼ共同体の実践に注目しつつ、その一側面について考えてみたい[8]。

1. 言葉とサクラメントの一体性

　聖書学に基づいて、神の自己伝達・自己開示としての「神の御言」から礼拝における言葉とサクラメントを理解する立場は、この両者が一体のものとして、礼拝者と「神の御言」（すなわち「神ご自身」）

訳・監修『使徒的勧告　福音の喜び』（日本カトリック中央協議会、2014年）153より引用。また、Andrew D. Ciferni, "Word and Sacrament," in *The New Dictionary of Sacramental Worship*, ed. Peter E. Fink (Collegeville, MN: Liturgical Press, 1990), 1318-1320を参照。

7　代表的な著作として、Karl Rahner, *The Church and the Sacraments*, tr. William Joseph O'Hara (London: Burns and Oates, 1963); Edward Schillebeeckx, *Christ the Sacrament of the Encounter with God* (New York: Sheed and Ward, 1963); Lois-Marie Chauvet, *The Sacraments: The Word of God at the Mercy of the Body*, tr. Madeleine Beaumont (Collegeville, MN: Liturgical Press, 2001) がある。

8　本稿第2節は、既刊の打樋啓史「ブラザー・ロジェとテゼ共同体——和解と一致への旅路」片山はるひ・高山貞美編著『和解と交わりを目指して——宗教改革500年を記念して（2017年上智大学神学部夏期神学講習会講演集）』（日本キリスト教団出版局、2018年）75-96の一部に大きく加筆・修正を加えたものである。

との出会いを仲介すると考える。それらの関係は、「言葉とサクラ
メント」というように並置されたり、対置されたりするべきもので
はなく、「連続体」（a continuum）としてこそ正しくとらえられる[9]。サ
クラメントと言葉は礼拝者と神との出会いを媒介する連続体として
相補的であり、それゆえ必然的にサクラメントは言葉としての機能
をもち、言葉はサクラメントとしての性質をもつ[10]。このような視点
からの研究として、以下にトレイシーとシーゾルツの議論を紹介し、
論点を整理しておきたい[11]。

L. Tracey

　トレイシーは、人間のコミュニケーションにおける言語の役割か
ら論を始め、「神の言葉」とは神からの情報伝達ではなく、神によ
る自己伝達であり、人類、特にユダヤ民族の歴史の中での神の自己
開示のことであるとする。キリスト教では、この神の自己開示が比
類なき形でイエス・キリストという「神の御言」において実現した
と信じる。20 世紀の聖書神学は、「神の言葉」について、何かに関
する情報を与える言葉の客観的内容という観点からではなく、「言
葉とは出来事である」という洞察に基づいて、創造し、活きて働き、
啓示する神の言葉、救いの出来事としての神の言葉を重視した。

　このような言葉理解は、「言葉」を意味するヘブライ語「ダーバー
ル」に由来する。ダーバールは、単なる情報の言葉ではなく、「出来事」
「行為」として動的で影響力をもつ言葉を意味し、それは天地を創
造し、律法によって人々の生き方を指導し、預言者を通して人々を
導き、戒め、慰め、悔い改めさせ、立ち上がらせ、それが告知する

9　Liam Tracey, "Word and Sacrament," in *The Study of Liturgy and Worship*, ed. Juliette Day and Benjamin Gordon-Taylor J. Day (Collegeville, MN: Liturgical Press, 2013), 53-62. これについては、53-54 を参照。

10　Forrester *et al.* 『神との出会い』79、藤井孝夫「言とサクラメント」『神学研究』第 11 号（1962 年）32-61 を参照。

11　Tracey, "Word and Sacrament," 53-62; R. Kevin Seasoltz, *God's Gift Giving: In Christ and Through the Spirit* (New York/London: Continuum, 2007), 117-152.

ところの現実を創り出す言葉である。

　新約聖書の「ロゴス」はダーバールの動的な意味を継承した。イエスの宣教の言葉は、単なる教えを超えて、力ある言葉、告知される内容を現実のものとする救いの言葉として描かれる。さらにロゴスはイエスの語った言葉というだけでなく、キリストの出来事全体を意味し、ヨハネ福音書ではイエス自身が活きて救いをもたらす「神のロゴス・御言」とされる。

　以上のとおり、聖書全体を通して、神の創造的な言葉は、全被造物に対する神の計画を明らかにする出来事、契機、人格である。トレイシーは、このように聖書において神の言葉が媒介的な方法で与えられ、開かれるものであるという意味で、それは「サクラメンタルなものである」と論じる[12]。

　このような神の言葉は、この世の手段で人間が理解でき、人間に伝達されるものとなった。つまり、イエスの救いのメッセージをすべての人々に広めるよう招かれた教会の言葉として継続されたのである。トレイシーは教皇庁聖書委員会の提言に依りつつ、「教会の言葉」が三つから成るものとする。第一に、神の御言であるキリストご自身、第二に、聖書において成文化され告知される言葉、第三に、教会の説教において宣べ伝えられる言葉、である。

　これらすべての教会の言葉は、人類に対する神の自己贈与を告げ知らせ、信じる人々を完全な応答へと招くことを目指すもので、それが完全な力をもって実現することは終末に属する。それゆえに、現在の典礼とサクラメントが重要となる。サクラメントにおいて、神の言葉の効力が現実のものとして先取りされ、部分的にではあっても、人々の応答が呼び起こされるからである。この意味において、言葉とサクラメントの対立は正当性をもたなくなる。言葉は神から与えられるが、それはこの世における人間の意思疎通の法則に従って伝達され、しるしと象徴を創り出す人間の能力に従って経験され

12　Tracey, "Word and Sacrament," 54-55.

るものである。

　出来事としての、また復活のキリストとの出会いとしての言葉の豊かな意味は、言葉についてのユダヤ的センスが教会で忘れられたことによって失われていった。言葉が単なる知的真理の伝達となり、神が過去に行なわれ、今日も礼拝共同体の中で継続しておられる業の宣言ではなくなってしまったのである。こうして、教会における言葉の本質的意義が不明瞭になっていき、言葉とサクラメントの二元化につながったのである[13]。

　16世紀、宗教改革者たちは当時の行き過ぎた儀式主義に反発して言葉への回帰を唱えた。これ自体は正しいことであったが、言葉が真正な信仰の源泉であり、サクラメントは魔術的・迷信的なもの、という短絡的な見方には注意しなければならない。ここで見落とされているのは、言葉もテキスト本体を媒介として与えられるものであり、その意味でサクラメントと同様に物質的で操作されうるものだという点である。これを忘れることが、言葉とサクラメントの二元的対立を促してきた。あらゆる言葉の典礼的告知は儀式的次元をもち、サクラメントは言葉の特定の一様式である、ということを認識する必要がある。

　20世紀になって、ようやく両者のより包括的な意味についての再考が始まり、両者の関係の回復が目指されるようになった。トレイシーは、「神の言葉は、教会で読まれる聖書のサクラメンタルな仲介によってのみ我々のもとに届く。逆に、サクラメントは言葉としての聖書の『沈殿』のようなものである」というショーヴェの言葉を引用して、言葉とサクラメントの一体性を強調する。このように言葉とサクラメントの両者は、神の自己贈与としての「神の御言」を、人間が理解し体験できるように与えられる媒介なのである[14]。

13　Tracey, "Word and Sacrament," 55-58.
14　Tracey, "Word and Sacrament," 58-60.

R. K. Seasoltz

　続いて、シーゾルツの議論をまとめておきたい。第2バチカン公
会議以降、「言葉のプロテスタント教会」と「サクラメントのカトリッ
ク教会」という対立が無意味なものと見なされ、言葉の宣言とサク
ラメントの執行は一つの全体として取り扱われるべきと考えられる
ようになった。シーゾルツは、それでもなおある種の緊張や誤解が
存在することを指摘し、神の賜物としての言葉とサクラメントの正
しい関係を整理しようとする[15]。

　教会建築の歴史において、聖書としての神の御言と保存された聖
体としての神の御言は、キリストの教会が建てられる二つの基礎と
考えられ、そこから典礼で用いる「聖書の崇敬」が行われるように
なった。ユダヤ教ではシナゴーグ礼拝で用いる聖書が「契約の箱／
聖櫃」に納められたが、初期の東方教会はこれを継承して聖書を同
じように扱い、西方教会では祭壇に聖体が保存され、後陣の壁の棚
に聖書が保管された。後にカトリック教会では、典礼での福音書朗
読の際に福音書の崇敬が行われ、現存するキリストのイコンと同様
に扱われるようになった。ルター派などのプロテスタント教会でも、
礼拝の冒頭に典礼係が説教壇用の大きな聖書を礼拝堂の中央を通っ
て運ぶ、祝日には福音書を会衆の真ん中で朗読するために行進を行
う、などの伝統がある。これら「聖書の崇敬」の象徴的儀式は、聖
書とは神の御言がそこに納められたサクラメンタルな神殿であると
いう神学を可視的に伝達している[16]。

　典礼において、書物のページに閉じ込められた神の言葉は解き放
たれ、会衆の思いと心に受肉し、会衆はそれを持ち運ぶものとなる。
そのために、典礼の最中、聖書として朗読・告知され、説教におい
て「砕かれる」言葉は、サクラメントの儀式を構成する非言語的シ
ンボルを照らすべきものとなり、同様に儀式の非言語的シンボルは

15　Seasoltz, *God's Gift Giving*, 119-120.

16　Seasoltz, *God's Gift Giving*, 120-123.

告知され砕かれる言葉に光を当てるべきものとなる。このように言語的象徴表現と非言語的象徴表現は典礼において互いに相補的であり、両者は、神の命の賜物を媒介し、この世を変容させる契機となる。つまり、言葉とサクラメントに内在する神の力と現存は変容させる力をもつので、それを身に帯びた人々と共同体は、この世に倫理的な変化をもたらす主体となるのである[17]。

　このような典礼学的、教会論的な視点からの言葉とサクラメントの理解の出発点として、シーゾルツもやはり、「出来事としての言葉」というユダヤ的感覚の重要性を指摘する。旧約聖書において、神の言葉は動的なリアリティと力をもって神の望む出来事を生起させ、民はそれを耳だけではなく心で聞き、聞いたことを生き方として表してきた。イスラエルの民にとって、「言葉」とは聖書に記されたテキストだけを指すのではなく、そのテキストに表される神の現存と過去における神の民の信仰的応答の全体を指す。言葉についてのこの認識は、今日の信者が、今も彼らの生に介入し続け、その現存と力を啓示する神とのより深い出会いを理解するための手助けとなる[18]。

　新約聖書では、イエスの人性への神の御言の受肉が、神の言葉についての理解に重大な影響を与えるものとなる。イエスの到来によって、神の御言はこの世に一致した形で人間の歴史に介入し、神が人々に信じがたいほど接近したのである。イエスにおいて、神は見られ、触れられ、聞かれるようになった。イエスは説教すると同時に病人を癒し、死者を甦らせ、何よりもパンとぶどう酒という象徴のもとで自らの命を弟子たちと分かち合うことで、彼らに自らの現存と力についての特別な記念の行為を残し、それを繰り返すように命じた。イエスを記念するとは、単にイエスについて考えることではなく、実際に、イエスが生きたように生き、愛したように愛し、

17　Seasoltz, *God's Gift Giving*, 123-124.
18　Seasoltz, *God's Gift Giving*, 124-128.

仕えたように仕えることを意味する。キリスト者は、イエスによって神の命に与ることによって、そのような生き方へと押しだされる。

こうして神の現存の住まいは、エルサレム神殿からイエス・キリストとなり、それはキリストの体である教会へと受け継がれた。つまり、人々が聖霊の力によって愛と自由の内に人間性を表現できる場である教会で、人格的で愛に満ちた神の現存が見いだされるようになったのである。普遍的な神の現存は、教会の特定の時間と場所において−典礼、また洗礼と聖餐において−より強烈に見いだされ、経験され、象徴され、サクラメント化される。それゆえ、教会の典礼において、人々は聖書の言葉を聞くのと同時に、聖餐をはじめとする儀礼行為に参加することで、神の現存そのものである神の御言を聞く。さらに、御言への応答は、信者が信仰、希望、愛を生きることで成立し、それぞれが互いにとっての「神の言葉となる」ことによって、生き方を通して神の言葉を告げ知らせるのである[19]。

教会は、典礼において、神の言葉の卓とキリストの体の食卓の両方から命のパンを受け、捧げる。それゆえ、歴史的に、「命のパン」という表現は聖餐だけでなく聖書にも適用され、「神の言葉」という表現は聖書だけではなく聖餐についても用いられてきた。聖餐と同様、聖書も本来教会のもの、教会論的なものであり、教会の生とアイデンティティの表現として、根本的にサクラメンタルなものである[20]。

これらのことを論じてから、シーゾルツは中世から今日までのサクラメント神学の変遷、特に言葉とサクラメントの分離と回復のプロセスを概観した上で、20世紀の礼拝刷新運動によってプロテスタントとカトリックの両者ともが主の食卓の典礼（聖餐）と言葉の典礼の相補性をますます認識するようになったことを評価する。言葉とサクラメントは、典礼において、「出来事としての言葉」という

---

19 Seasoltz, *God's Gift Giving*, 129-130.

20 Seasoltz, *God's Gift Giving*, 131-132.

ユダヤ的・聖書的遺産に忠実な仕方で神の御言を受肉させるために、互いに補い合う必要がある。典礼において、言葉とサクラメントの両者は、互いが入念に関連付けられることによって、その本来の効力を成就するのである[21]。

2. 言葉のサクラメント性——テゼ共同体の実践から

これまで見てきたとおり、20世紀以降、言葉とサクラメントが一体のものとして教会とその信仰にとって根本を成すという理解が深まるなかで、典礼・礼拝における言葉はサクラメンタルな性格をもち、サクラメントは言葉の要素を有することが認められてきた。この認識は、エキュメニカルな礼拝刷新運動のうねりのなかで、新しい典礼・礼拝式文の作成、典礼における聖書の適切な位置づけと聖書日課の工夫などを促すことになった[22]。多くのプロテスタント教会ではより頻繁に（例えば毎週の主日礼拝で）聖餐が行われるようになり、カトリック教会では説教の改革への真摯な取り組みが始まった。

ここでは、このような教会の動きと連帯しつつ、独自の形で言葉とサクラメントの一体性、特に言葉のサクラメント性を表現し、それを体験として人々と共有していった事例として、フランスのテゼ共同体（La Communauté de Taizé）の実践に注目したい。テゼ共同体は、1940年にスイス出身のブラザー・ロジェが、教派を異にするキリスト者間の和解、またそこから始まる人類全体の和解を目標として、フランス・ブルゴーニュ地方のテゼ村に創設したキリスト教のエキュメニカルな修道共同体である。現在、カトリックとプロテスタント出身の約100名のブラザー（修道士）たちが共に祈りと労働

21 Seasoltz, *God's Gift Giving*, 134-152.
22 William H. Willimon, *Word, Water, Wine and Bread: How Worship Has Changed over Years* (Valley Forge, PA: Judson Press, 1984), 越川弘英訳『言葉と水とワインとパン——キリスト教礼拝史入門』（新教出版社、1999年）203-220を参照。

の生活を送る[23]。

　1950年代末以来、無数の若者がテゼを訪れるようになり、今日テゼは若者たちの「巡礼地」として知られる。ブラザー・ロジェ自身はプロテスタント・改革派の出身であったが、カトリック、正教の伝統から多くを取り入れ、その「共同の祈り」（礼拝・典礼）を整えていった。一日三回行われる共同の祈りでは、ブラザーたちとテゼを訪れた若者たちが、共に歌い、聖書に耳を傾け、沈黙し、世界のために祈る。テゼの共同の祈りは、短い歌で聖書の言葉を繰り返して歌うことを特徴としつつ、伝統的な「言葉の典礼」をよりシンプルに、若者たちが参加しやすい形に整えたものとして評価され、世界中の諸教会の礼拝刷新に影響を与えてきた[24]。

　サクラメントに関しては、主日の朝の祈りでは聖餐式・ミサが行われ、毎朝の共同の祈りで参加者が聖別されたユーカリスト（聖餐）に与る。ブラザー・ロジェの思想、またそこから形成されたテゼの典礼的実践において、言葉とサクラメントの一体性の強調は明白なものであるが、ここでは特に、テゼにおける「言葉のサクラメント性」と呼びうるものに注目したい。

言葉の偏重への警戒

　宗教改革の根本的主張のひとつは、キリスト者の信仰と生活にとっての神の言葉の中心性の強調、それ以外のものの相対化であった。神の言葉、すなわち聖書の言葉を何よりも重んじ、それに聞くことをすべての出発点とする宗教改革の遺産は、ブラザー・ロジェとテゼ共同体にも受け継がれた。しかし、それは、ある種のプロテスタント教会の教派主義的伝統に乗っ取って行われてきた、「言葉

23　テゼ共同体とブラザー・ロジェについては、Kathryn Spink, *A Universal Heart: The Life and Vision of Brother Roger of Taizé*, Centenary edition (London: SPCK), 打樋啓史・村瀬義史監訳『心の垣根を越えて　テゼのブラザー・ロジェ——その生涯とビジョン』（一麦出版社、2021年）などを参照。

24　打樋啓史「テゼの典礼——『共同の祈り』の歴史、構造、意義」『関西学院大学キリスト教と文化研究』第12号（2011年）117-134を参照。

の偏重」を肯定するものではなかった。

　ブラザー・ロジェはしばしば、知性のみに関わる多すぎる言葉、訓戒的なスピーチや長々とした重苦しい言葉での祈りというものに懐疑的な姿勢を示す。彼はそれらが人と神との出会いを妨げさえするものであると見なし、むしろ直観やうた心によってこそもたらされる喜びの息吹、復活のキリストの現存に目を向ける。

　　もし唯一の、すなわちキリストのからだ——その教会——から、喜びの息吹が絶えてしまったら、また、もし教会の母性的な愛が訓戒的な数々のスピーチにとってかわってしまったら、どこにわたしたちはあふれ出る内面の命を見出すというのでしょうか。（……）もしキリスト者の祈りが、退屈で重苦しいことばで表現されたり、直観や詩心が忘れられ、復活なさったキリストのほむべき現存の入る余地のないものであったとしたら……[25]。

　ブラザー・ロジェにとって、活ける神との出会い・交わりとは、知性だけでなく、感性的・身体的な要素、小さく弱い人間の心と体の全体を通して実現するものである。彼自身、神学的・教義的研究よりも、詩や文学、また音楽を愛し、そこから多くのインスピレーションを得てきた人であった。彼は、行き過ぎた聖書主義や長い重苦しい説教が支配的なものとなったある種の伝統から明確に距離をとる。

　また、ブラザー・ロジェは、日誌の中で、戸惑いつつも、宗教改革の過程で起きた残念なぶつかり合いについて、以下のように記す。宗教改革者たちがすべて聖書を基にした改革を主張したことによって、カトリック側に反発を生じさせた。カトリック側は改革者らの聖書神学に反発することに夢中になり過ぎて、必要以上に聖書を否

---

25 Brother Roger, *Source of Taizé: No Greater Love* (Ateliers et Presses de Taizé, 1995), 植松功訳『テゼの源泉——これより大きな愛はない』（ドン・ボスコ社、1996 年）66。

定してしまった。その結果、中世のカトリック教会の各地ですでに生じていた聖書復興の動きが封印されてしまった。このように、他のグループのありようを「彼らは私たちとは異なるのだ」と決めつけ、あれかこれかの選択肢しかないように思い込んでしまう発想は皮肉であり歪んでいる。改革者側は「聖書がすべてだ」と言う。するとカトリック側は「聖書だけがすべてではない」と主張する誘惑にかられる。同様にカトリック側は言う。「秘跡がすべてだ」と。するとプロテスタントは、「そう言うならば、私たちは秘跡にはそれほど関心がない」と言いたくなる誘惑にかられてしまう。これは何とも滑稽なことで、皆それが滑稽だと分かっている。しかし、このメカニズムが人間の深いところで働いているのを認める必要がある[26]。

　上述の通り、20世紀以来、カトリックでもプロテスタントでも、聖書とサクラメントの二分化が不幸なものであったことに多くの人たちが気づき、それらが本来不可分のものとして人々を神の愛に招き入れる役割をもつことが認識されてきた。ブラザー・ロジェは、最初からつねに、この聖書とサクラメントの不可分性を大切にし、人間はその両者への信頼を通して神の深い愛の中に身を置くことができると確信してきたのである。

典礼の言葉、祈りの歌の言葉としての「神の言葉」

　このような意味で、ブラザー・ロジェにとって、テゼにとって、「神の言葉」とは、知性だけで理解すべき難しいスピーチではなく、サクラメントと不可分のものとして、人間存在の深みに語り掛けられる命と愛の言葉、直観やうた心、また心と体の全体を通して聞かれ、各々の中に受肉してその人の生を形作る、神の語りかけそのものと

---

26 Rowan Williams, "Brother Roger's Theological Legacy: Solidarity, Poverty, and Freedom," in *Brother Roger's Contribution to Theological Thought: Acts of the International Colloquium Taizé, August 31-September 5, 2015* (Les Presses de Taizé, 2016), 43-49.

しての「御言」にほかならない。大切なのは、テゼにおいてそのような「御言」は、論理的な説教の言葉ではなく、何よりも典礼の言葉として表現されてきたことである[27]。

先述の通り、テゼの典礼・祈りについてはよく知られている。基本的には「言葉の典礼」として、繰り返しの短い歌を多く用いたものだが、その中心は聖書朗読とその後の長い沈黙である。祈りの場はロウソクやイコンなどのシンボルによって美しく整えられ、参加者が心と体で祈りに与ることができるように配慮されている。数か国語で朗読される聖書の言葉は、それら直観に訴えるシンボルに支えられて、また朗読の後にもたれる沈黙に支えられて、頭だけでなく心と体に染み透るものとなるよう工夫されている。

よく知られるテゼの「祈りの歌」は、神の言葉に、心と体を通して深く耳を傾けるひとつの手段である。主に聖書から取られた短い言葉を繰り返して歌うという方法が、テゼで最初から行われたのではなかった。初期のテゼの祈りは、伝統的な修道会の典礼の形に沿ったもので、すべてフランス語で行なわれていた。1960年代から世界各国の若者たちがテゼを訪れるようになったとき、ブラザー・ロジェは、それら多様な言語、文化、教派的背景をもつ若い訪問者たちが、傍観者になることなく共に祈りに参加するにはどうすればよいかを模索し始め、その結果、聖書の言葉を繰り返して歌うという手段が取り入れられたのである。

このように始められた「短い繰り返しの歌による祈り」は、異なる言語や背景をもつ多くの人々を祈りの内にひとつにするという当初の目的を果たしたのだが、同時にブラザーたちはそのもう一つの

---

27 テゼの共同の祈りでは説教は行われないが、日曜日を除く毎朝、訪問者は「バイブル・イントロダクション」という聖書の学びに参加する。ここでブラザーたちは聖書を用いて人々の祈りと黙想のヒントとなる短い講話をする。午後、人々は小グループに分かれて、ブラザーの話とそこで与えられた聖書のテキストに基づき、それぞれの考えや体験を分かち合う。この聖書の学びは祈りとは別の時間に行われるが、それは一日3回の祈りと内的・有機的に連動して、若者たちが御言に心を開いていく助けとなっている。

効力に気づいていく。それは、聖書、特に詩編から取られた言葉を繰り返して歌うことは、御言を黙想するきわめて意義深い手段になるという発見であった。信仰の本質を表現した短い言葉を繰り返し歌うことは、神の言葉に深く耳を傾ける営みとなる。言葉を繰り返し歌うことによって、人はそれを咀嚼し、呼吸し、やがてそのことばの意味とリアリティは歌う人の全存在を満たしていく。そうして、祈りの歌とそこで歌われる「神の言葉」は、参加者の心に受肉するものとなる。つまり、祈りの時間が終わって参加者が日常に戻ったときにも、心の奥深くに宿り、個人の歩みを支え、生き方に影響するものとなる。

　その意味で、よく指摘されるように、テゼの歌による祈りは、ベネディクト会の伝統であるレクティオ・ディヴィナ（霊的読書）のひとつの形であると言える。それは、頭で聖書の言葉を分析するのではなく、心でその言葉の意味とリアリティに与っていくことに主眼をおく聖書の読み方である。このような形で、御言に聞き、それを黙想することを中心としたテゼの祈りは、その美しさや親しみやすさゆえに多くの若者に愛され、多くの教会で取り入れられ、教会の祈りや礼拝の活性化に影響を与えることになった。その結果、人々が歌を通して聖書の言葉により深く耳を傾けるひとつの道を開くことになったのである[28]。

　このように、テゼが「神の言葉」に重きを置き、テゼを訪れるすべての人々が何よりも典礼の言葉としての御言に耳を傾けることができるように尽力してきたことは、ブラザー・ロジェの一致への情熱がもたらした一つの実りであった。彼は、神の言葉の重視という宗教改革の遺産を受け継ぎつつも、信条主義的なあれかこれかという意味での「聖書のみ」の主張に閉ざされることを拒否した。聖書の言葉は、サクラメントと不可分のものとして、またそれ自体が、説明的・訓戒的な言葉であるのとは逆に、愛の神の現存の喜びをも

28　打樋「テゼの典礼」を参照。

たらすサクラメンタルな性質をもつものとして、テゼの生活と祈り
の中心に置かれているのである。

おわりに

　以上見てきた通り、20世紀以来の「言葉とサクラメントの神学」
において、それらが神の御言の媒介として一体性・相補性をもつこ
とが重視された。特にシーゾルツが強調する通り、「出来事として
の神の御言」が、典礼において言葉とサクラメントの結びつきの中
で象徴され、表現され、与えられ、それを受けた人々は、聖霊の力
によって、各々の日常でその言葉の意味とリアリティを生きるもの
とされ、この世において「神の御言」になっていく、という視点が
重要なものとなった。その意味でこそ、「御言は出来事」なのである。
このように、神の御言を媒介する言葉とサクラメントは、教会論、
聖霊論、典礼学という広がりの中でこそ適切に理解されうる。
　ここでは特に、神の御言の媒介のひとつである「言葉」そのもの
がサクラメンタルな性質をもつことに注目し、テゼ共同体の実践に
見られる言葉のサクラメント性について考えてきた。そこで重要で
あったのは、言葉が単に知性に訴えるものではなく、見えるシンボ
ル、音楽・歌、沈黙などと連動しつつ、感性、直観、うた心によっ
て聞かれ、受け取られるという点、そしてそのようにして言葉を身
に帯びた若者たちが、それぞれの日常で、テゼが強調する「和解と
連帯」を生きるように養われていくという点である。テゼにおいて
も言葉とサクラメントとの関係は不可分のものであるが、同時に、
テゼの共同の祈りは、言葉がそれ自体としてサクラメンタルに共有
される可能性を示唆している。ここにもまた、教会論的に言葉とサ
クラメントを検討する上での重要な鍵があると考えられる。

参考文献

Chauvet, Louis-Marie. *The Sacraments: The Word of God at the Mercy of the Body.* Translated by Madeleine Beaumont. Collegeville, MN: Liturgical Press, 2001.

Ciferni, Andrew D. "Word and Sacrament." In *The New Dictionary of Sacramental Worship,* edited by Peter E. Fink, 1318-1320. Collegeville, MN: Liturgical Press, 1990.

Forrester, Duncan B., McDonald, J. Ian H. and Gian Tellini. *Encounter with God: An Introduction to Christian Worship and Practice.* 2nd ed. Edinburgh: T&T Clark, 1996. 桑原昭訳『神との出会い——現代の礼拝論』一麦出版社、2012 年。

教皇フランシスコ、日本カトリック新福音化委員会訳・監修『使徒的勧告 福音の喜び』日本カトリック中央協議会、2014 年。

藤井孝夫「言とサクラメント」『神学研究』第 11 号、関西学院大学神学研究会、1962 年、32-61。

ユスティノス、柴田有・三小田敏男訳『キリスト教教父著作集 1　ユスティノス』教文館、1992 年。

Rahner, Karl. *The Church and the Sacraments.* Translated by William Joseph O'Hara. London: Burns and Oates, 1963.

Brother Roger. *Source of Taizé: No Greater Love.* Ateliers et Presses de Taizé, 1995. 植松功訳『テゼの源泉——これより大きな愛はない』ドン・ボスコ社、1996 年。

Schillebeeckx, Edward. *Christ the Sacrament of the Encounter with God.* New York: Sheed and Ward, 1963.

Seasoltz, R. Kevin. *God's Gift Giving: In Christ and Through the Spirit.* New York/London: Continuum, 2007.

Spink, Kathryn. *A Universal Heart: The Life and Vision of Brother Roger of Taizé.* Centenary edition. London: SPCK. 打樋啓史・村瀬義史監訳『心の垣根を越えて　テゼのブラザー・ロジェ——その生涯とビジョン』一麦出版社、2021 年。

高柳俊一「シンポジウム　主題：言葉の宗教とサクラメントの宗教　発題
　　1：カトリック神学の立場から」『日本の神学』第 38 号、日本基督教学会、
　　1999 年、162-167。

Tracey, Liam. "Word and Sacrament." In *The Study of Liturgy and Worship*, edited
　　by Juliette Day and Benjamin Gordon-Taylor, 53-62. Collegeville, MN:
　　Liturgical Press, 2013.

打樋啓史「テゼの典礼──『共同の祈り』の歴史、構造、意義」『関西学
　　院大学キリスト教と文化研究』第 12 号、関西学院大学キリスト教と
　　文化研究センター、2011 年、117-134。

打樋啓史「ブラザー・ロジェとテゼ共同体──和解と一致への旅路」片山
　　はるひ・髙山貞美編著『和解と交わりを目指して──宗教改革 500 年
　　を記念して（2017 年上智大学神学部夏期神学講習会講演集）』日本キ
　　リスト教団出版局、2018 年、75-96。

Williams, Rowan. "Brother Roger's Theological Legacy: Solidarity, Poverty, and
　　Freedom," In *Brother Roger's Contribution to Theological Thought: Acts of the
　　International Colloquium Taizé, August 31-September 5, 2015,* 43-49. Les
　　Presses de Taizé, 2016.

Willimon, William H. *Word, Water, Wine and Bread: How Worship Has Changed
　　over Years.* Valley Forge, PA: Judson Press, 1984. 越川弘英訳『言葉と水と
　　ワインとパン──キリスト教礼拝史入門』新教出版社、1999 年。

スピリチュアルの力
——浮動する言葉と宗教の境界線——

ベネディクト・ティモシー

名前とはいったい何？　他のどんな名前で呼んでも、
薔薇は甘い香りを放つでしょう。

『ロミオとジュリエット』

はじめに

　ジュリエットのセリフは世代を超えて数多くの人の心を動かしてきた。しかし、ジュリエットは恋人ロミオの名字を耳にしたとき、本当に何も感じなかったのだろうか。敵対する家族であったロミオの名前は本当に単なる言葉の表記に過ぎなかったのだろうか。彼の名前が何であれ、その言葉自体は彼の人格そのものに何も影響はないとジュリエットは主張している。名前はただの記号であり、彼の性格や人格を変える力はないからである。

　確かに Ferdinand de Saussure や他の言語学者がこれまで示してきたように、言葉の力は significant（記号内容）と signifier（記号表現）の関係性によって成り立ち、その力は記号自体から発するものではない[1]。つまり、言葉には恣意性（arbitraire）があり、言語記号の音声面とその意味内容面には自然な結びつきは存在しないのである（擬音語は例外であるが）。例えば「おもちゃを直す」と言うとき、「直す」

1　Ferdinand de Saussure, *Course in General Linguistics*, translated and annotated by Roy Harris (London: Bloomsbury, 2013).

という言葉には関西弁では「修理する」と「片付ける」の二つの意味があるが、「直す」という言葉とその意味の間には直接の関係性はない。言うまでもなく、「直す」という言葉はただの記号表現であり、文脈によってその記号が意味する内容は異なるのである。

　本稿で取り上げたい「スピリチュアル」という言葉も同じように恣意性が高い言葉である。「スピリチュアル」を辞書で引くと「霊的な、宗教的な、精神的な」と定義されることが多いが、文脈によっては色々な意味を含む言葉である。「スピリチュアル」の定義やその言葉の曖昧性についての先行研究は山ほどあるが、本稿で特に取り上げたいポイントとしては「スピリチュアル」という言葉はたまたま定義しにくい、曖昧な意味を持っているというだけではなく、その曖昧さこそがその言葉の力となっていることだ[2]。実は「スピリチュアル」という言葉の恣意性自体が、その言葉の大きな「意味」となっている。つまり、「スピリチュアル」という言葉は「中身のない記号表現」（empty signifier）という特徴をもっていて、この曖昧さは意味をぼやかすようなソフトな言葉として捉えられがちであるが、実はこの浮遊性により、「スピリチュアル」という言葉は宗教的なものと非宗教的なものを区別し、境界線を作るような強い力を発揮しているのである。

1.「スピリチュアル」の背景と定義

　「スピリチュアル」は英語の spiritual、さらに遡るとラテン語の spiritus に由来し、5世紀ごろからキリスト教の神学概念である pneuma（呼吸）を翻訳するために使われてきた。パウロ神学では、"spiritual"（Gk. pneumatikos または Lt. spiritualis）はよく「肉的なもの」

2　本稿は Timothy Benedict, *Spiritual Ends: Religion and the Heart of Dying in Japan* (Oakland, CA: University of California Press, 2023) の内容の一部を参考に、新たな考察を記したものである。

（Gk. sarkikos または Lt. carnalis）と対比される。つまり、キリスト教の教えでは、人は肉的な欲望を追い求めるのではなく、聖霊 (Holy Spirit) に従って人生を歩むことが求められている[3]。5 世紀以降、"spiritual" は教会関係者や宗教的な献身をする人など、様々な宗教的なものを指すようになり、多くの新しい意味を持つようになった。また、近代のアメリカでは宗教的伝統の枠を超え、より神秘的、折衷的、コスモポリタン的宗教ライフを模索することを "spiritual" と呼ぶようになり、さらに新しい意味を帯びるようになったのである[4]。

日本における「霊性」と「スピリチュアル」

　英語の "spirituality" は日本語では「霊性」として訳されることが多い。この「霊性」についてまず詳しく考察したのは禅仏教の教えを西洋に広めた鈴木大拙（1870-1966）である。彼は『日本的霊性』（1944）の中で次のように述べている。

> 霊性を宗教意識と云って良い。但、宗教と云ふと普通一般には誤解を生じ易いのである。日本人は宗教に對して餘り深い了解を持って居ないやうで、或は宗教を迷信の又の名のやうに考へたり、或は宗教でもなんでもないものを宗教的信仰と裏付けようとしたりして居る。それで宗教意識とは云はずに霊性と云ふのである[5]。

　ここで鈴木は日本人の宗教意識は浅いと主張し、「宗教」という言葉をあえて使わないで「霊性」の概念を利用して日本人の宗教観を解こうとしている。彼が考えた霊性とは宗教よりもっと深いもの

3　Walter Principe, "Toward Defining Spirituality," *Studies in Religion* 12, no. 2 (1983): 127-41.

4　Leigh Eric Schmidt, *Restless Souls: The Making of American Spirituality* (San Francisco: HarperSanFrancisco, 2005), 2-5; Benedict, *Spiritual Ends*, 10-12.

5　鈴木大拙『鈴木大拙全集 8』（岩波書店、1968 年）22。

148

で、それについて仏教の教えに基づいてさらに深く説明している。
ただ、興味深い点として、彼は霊性を宗教と対立させていることである。「宗教」という言葉は19世紀後半から日本で（religion の訳として）使われていた割と新しい言葉であったが、鈴木はそれを否定的に捉え、あえて「霊性」を用いて仏教の教えを説明しようとした。しかし、鈴木が紹介した「霊性」の概念は、その後、日本ではあまり普及しなかった。

　「霊性」という言葉がようやくまた一般的に使われ始めたのは1970代からである。つまり、この頃に始まったいわゆるスピリチュアル・ブームの時代だった。島薗進がすでに詳しく研究してきたように、この頃から多くの書店では「精神世界」という本のセクションが設けられ、「霊」が入った題名の本が並び、新霊性運動が始まった[6]。さらに、1990年代後半になってから「霊」の代わりに「スピリチュアル」という言葉も普及した。この「霊」から「スピリチュアル」への転換の背後には、「霊」に対するネガティブなイメージがあった。「霊」は超自然的なニュアンスがあり、またオカルトのイメージが強かったことに比べ、「スピリチュアル」という言葉はそのような連想から解放されていることが考えられる。例えば、英語ではspiritual は spirit の語源と密接に結びついているが、日本語では「霊」を「スピリチュアル」と表すことにより、その語源的な結びつきを弱めることができた。このように「霊」という言葉を避ける現象は、1995年のオウム真理教事件以降、より顕著になった。多くの日本人が宗教に対する深い疑念を抱くようになった末、スピリチュアル・ブームのジャンルで活躍していた作家や指導者たちは、より脅威の少ないように教えを伝える工夫をした。そして、「スピリチュアル」を片仮名表記にすることで、「霊」という漢字が表す超自然的なニュアンスを薄めることが可能となり、一般の人により受け入れやすい

6　島薗進『スピリチュアリティの興隆——心霊性文化とその周辺』（岩波書店、2007年）、『精神世界のゆくえ——宗教、近代、霊性』（秋山書店、2007年）。

ものになった[7]。

　この戦略のわかりやすい例として、江原啓之（1964-）の作品がある。スピリチュアルアドバイザーとして有名になった江原が最初に出版した 2 冊の本、『自分のための「霊学」のすすめ——人間を磨き、霊性を磨く』（1994）と『霊性バイブル』（1995）は、いずれも題名に「霊性」という言葉を使っている。しかし、2001 年以降、江原は 40 冊以上の本を出版しているが、ほぼすべての本のタイトルを「スピリチュアル」という言葉に置き換えるようになった。つまり、江原は「霊的」な教えを「スピリチュアル」と表現することで、マイナスのイメージがあった超常現象と「スピリチュアル」との区別を強調することができた[8]。

　また、「スピリチュアル」と「霊」の区別は新霊性運動の中で起きた現象だけではなく、終末医療の現場の中でも同じような現象が見られる。日本では 1980 年代からホスピス運動において本格的に始まり、終末期を迎えた患者へ提供するケアではスピリチュアルケア（spiritual care）が大きな柱となった[9]。欧米でいうスピリチュアルケアとは患者がもつスピリチュアル・ペイン（spiritual pain）と言われる宗教的、または実存的な悩みに傾聴して、患者をサポートすることを指している。そして、このスピリチュアルケアの重要性を日本で最初に提唱したのは日本ホスピスの創設者とも言われる柏木哲夫医師（1939-）であった。柏木はホスピス運動を始めた頃、欧米で強調されていた患者の"spiritual pain"をどのように日本語に訳すか迷ったようだ。彼はまず「霊的痛み」と訳すように考えたが、やはり「霊的」は幽霊などの超常現象を連想してしまうことを恐れた。また、「宗教的痛み」も考えたようであるが、無宗教の患者が圧倒的に多い日本では、定義が狭すぎるという懸念もあった。そして、

7　堀江宗正『ポップ・スピリチュアリティ——メディア化された宗教性』（岩波書店、2019 年）27。

8　Benedict, *Spiritual Ends*, 82.

9　Cicely Saunders, "Spiritual Pain," *Contact* 122 (October 1991): 6–9.

最終的には、"spiritual pain" を「魂の痛み」と訳すことにした[10]。し
かし、柏木が「霊」の代わりに提唱した「魂」はホスピスの現場で
は定着しなかった。そのため、カタカナの「スピリチュアル・ケア」
や「スピリチュアル・ペイン」との言葉が主流となり、柏木自身も
結局「スピリチュアル」という言葉を使い始めたのである。

　以上のように鈴木大拙、江原啓之、柏木哲夫の三者が考えた「ス
ピリチュアル」の定義を見てまず気がつくことは、三者は共に「ス
ピリチュアル」を宗教、または超常現象的なニュアンスと区別しよ
うとしたことである。鈴木は「霊性」を宗教と対立させ、江原はさ
らに「霊性」を「スピリチュアル」を区別するようにした。また、
柏木は緩和ケアの現場において「霊的痛み」を避けるようにまず「魂
の痛み」と置き換えようとしたが、最終的には「スピリチュアル」
を使い始めた。このように「スピリチュアル」という言葉は、日本
で使われ始めた当初から宗教や超常現象的なものと区別するような
機能をもった言葉であった。ただ、はっきり区別をする言葉として
だけではなく、場合によっては宗教的または超常現象的な匂いをも
つ言葉でもあった。

2. 片仮名としての「スピリチュアル」

　この「霊」から「スピリチュアル」への転換を成功させる大きな
鍵となったのは片仮名の力である。西平正や堀江宗正が既に示して
きたように、「スピリチュアル」が片仮名で書かれていることには
大きな意味がある。ここではその片仮名の力についてもう少し詳し
くみてみたい[11]。

10　柏木哲夫『死に行く患者の心に聞く』（中山書店、1996 年）114-15; Benedict,
　　Spiritual Ends, 89-91.
11　西平直「スピリチュアリティ再考――ルビとしての「スピリチュアリティ」」安藤治・
　　湯浅泰雄編『スピリチュアリティの心理学――心の時代の学問を求めて』（せせら
　　ぎ出版、2007 年）71-90; 堀江『ポップ・スピリチュアリティ』26-28。

　片仮名には沢山の機能がある。例えば、1) 外来語を示す力（例：アメフト、ベネディクト）、2) 日本語の意味を拡大する、または強調する力（例：ヒト、モノ）、3) 漢字を置き換える力（皮フ科）、4) ニュアンスを若干変える力（例：ご飯→ライス、借金→ローン）、5) 言葉の意味を曖昧にする力（例：同意→コンセンサス）などがあげられる。「スピリチュアル」の力を考える際、1)、4)、と 5) の機能が特に重要となる。

1) 外来語を示す力

　「スピリチュアル」という言葉は外来語であるゆえ、もちろん片仮名で書かなければならない。しかし、特に医療の現場においては、このことが更なる意味をもつようになった。終末期医療においてスピリチュアルの重要性を唱えたのは、まず 1960 年代にイギリスでホスピスを立ち上げたシシリー・ソンダーズである。彼女の尽力により、その後、世界保険機関（WHO）の緩和ケアの定義にまでこの「スピリチュアル」という言葉が表れるようになった[12]。また、この言葉が世界中に認められる概念となった一つの転機は、1998 年に WHO が健康の定義そのものを改正して「スピリチュアル」という言葉をその定義に入れることを検討した時である。最終的に WHO はスピリチュアルを健康の定義に入れなかったが、興味深いことに、この出来事はいまだに日本のスピリチュアルケアの論文などに取り上げられる。この背景には、日本のホスピス運動は欧米に比べ「遅れている」という考え方がある。つまり、スピリチュアルケアを推進したい医療者や宗教者にとって、「スピリチュアル」は世界共通の概念として日本でも取り入れられるべきであるという考えが少なくない。そして、その概念を片仮名で表記することによって、最新の西洋医療としてアピールすることができる。片仮名語がたくさんある

---

12 World Health Organization, "Palliative Care," accessed September 28, 2022. https://www.who.int/news-room/fact-sheets/detail/palliative-care.

病院の中では、スピリチュアルケアという外来語は極めて馴染みやすい。このように「片仮名＝最新のもの」は必然的に医療の現場で選択される言葉でもあると考えられる。

4) ニュアンスを若干変える力

　片仮名のもう一つの機能として、言葉のニュアンスを変える力もある。例えば、日本の食卓に欠かすことのできない鮭は英語ではサーモンという。鮭とサーモンはほぼ一緒の魚種であるが、日本の鮭は生で食されないのに対し、大西洋のサーモンは生で食される。「鮭は生では食べられない」という先入観を乗り越えるため、1980年代に日本の寿司市場に進出してきたノルウェー企業は、ノルウェーの鮭を「サーモン」として売り出した。これは鮭が生では食べられないというイメージを変える作戦であり、結果として見事に成功した。同様に、「スピリチュアル」という言葉も片仮名を使うことによって、マイナスのイメージがあった「霊」や「宗教」の言葉と区別することが可能となった。

5) 言葉の意味を曖昧にする力

　片仮名によって言葉の意味を曖昧にする一般的な例として、映画の題名があげられる。例えば今、ネットなどで映画の興行収入トップ10を見ると、ほとんどの洋画の題名はカタカナとなっている。しかし、昔はそうでもなかった。実は和訳しない傾向は近年強まってきたのである。なぜ洋画の題名をわかりやすい日本語に訳さないのか？　例えば『ロード・オブ・ザ・リング』は有名な映画であるが、その映画の原作はもちろん『指輪物語』である。なぜ『指輪物語』を題名にしなかったのか？この現象について山田雄一郎は次のように述べている。「映画の題名には、これまでの常識からは想像しにくい、ある別な役目が与えられている。それは、内容を伝える

のではなく「隠す」と言う、これまでとは正反対の役目である」[13]。なぜこの現象が起きているのか、山田は次のように推測する。「我々は、カタカナ題名の意味をはっきり理解しているのではない。漠然と感じ取っているに過ぎない。にも関わらず、多くの人がカタカナ題名を歓迎している。とすると、我々がカタカナ題名を通して行なっているコミュニケーションには、どんな意味があるのだろうか……それはひょっとすると、本当の目的は文字の周辺に浮遊している「気分を伝える」ことなのかもしれない……カタカナ題名は、曖昧な気分の世界への入り口となっているのかもしれない」[14]。

つまり、映画の題名は必ずポスターに書いてあって、映画館に行く観客はその漠然とした表記から映画の雰囲気をつかむことができる。題名を日本語に訳す方が、その内容が狭く特定されるので、幅広い観客を呼び寄せ難くなる。そこで映画界の戦略としては、映画の内容がわかりやすい題名よりも、ポスターや予告編にその内容について曖昧なヒントを沢山残し、視聴者の想像力をかきたてることによって、より多くの人に興味を持ってもらうようにしている。

これと同じように、片仮名の記号表現が曖昧になっている言葉は、英語では empty signifier（中身のない記号表現）または floating signifier（浮動する記号表現）ともいう。「スピリチュアル」という片仮名言葉も意味がわかりにくいカタカナで表現されているゆえ、「浮動する言葉」として、より多義的な言葉となり、使う人と、受け取る人それぞれが思う意味を吸収する力がある。

3.「スピリチュアル」と宗教の差別化

日本におけるスピリチュアルと宗教の差別化の背景について考える前に、一旦アメリカにおけるスピリチュアルの定義の問題に話を

13　山田雄一郎『外来語の社会学──隠語化するコミュニケーション』（春風社、2005 年）175。
14　山田『外来語の社会学』188。

戻したい。実は、アメリカにおいても「スピリチュアル」という言葉は非常に曖昧であることはよく知られている。一部の宗教学者がいまだに「スピリチュアル」という言葉の意味を自明であるかのように使っているが、実はその意味はとても曖昧である[15]。例えば、コートニー・ベンダーは、アメリカのスピリチュアリティに関する研究の作業を「霧掻き」(shoveling fog) とも例えている[16]。そして、英語圏の宗教学者による主要な発見としては、宗教的・非宗教的な信念や行為に直面したとき、「スピリチュアル」という用語がいかにその二者間の境界を示す役割を果たすか、ということである。例えば、ジョナサン・ハーマンは宗教とスピリチュアリティの二項対立を男性生殖器と女性生殖器に例えて鋭く批判している。つまり、「宗教」はステレオタイプとして次の特徴がある：外面的、硬い、大きさへのこだわり、力の乱用、等。これに対して、「スピリチュアリティ」は次の特徴がある：内面的、柔らかい、深さへのこだわり、傷つきやすい、等。このような二項対立はもちろん中立な立場からされるものではなく、宗教に対して批判的な視線が組み込まれている[17]。つまり、宗教学者の中には、スピリチュアルの世界を探求している信者の言葉を批判的に分析せずに、その特徴づけをすることがある。このような分析は言うまでもなく、学問的な分類と主観的な判断を混同する危険に常にさらされているのである[18]。宗教とスピリチュアルの領域を区別することによって、スピリチュアルの言葉の内に「個人主義、内面性、プライバシー、非教理的進歩主義」、つまり「近代、西洋、コスモポリタン、宗教的な自由さ」といった価値観を投影す

---

15 Nancy T. Ammerman, "Spiritual But Not Religious? Beyond Binary Choices in the Study of Religion," *Journal for the Scientific Study of Religion* 52, no.2 (2013): 258-78.

16 Courtney Bender, *The New Metaphysicals: Spirituality and the American Religious Imagination* (Chicago: The University of Chicago Press, 2010), 182.

17 Jonathan R. Herman, "The Spiritual Illusion: Constructive Steps Towards Rectification and Redescription," *Method and Theory in the Study of Religion* 26 (2014): 162-63.

18 Benedict, *Spiritual Ends,* 12.

るのである[19]。これは表向きは学術的な研究であっても、「スピリチュ
アル」の世界を称賛してしまうことになりかねないのである[20]。

　この傾向は欧米では特に強いが、日本でも少なくはない。但し、
大きな違いとしては無宗教の人口が高い日本では、「スピリチュア
ル」を通して宗教を批判することだけでなく、それを相補的に捉え
る側面もある。例えば、欧米ではスピリチュアルの世界は伝統的な
キリスト教と対比されることが多いが、日本においてスピリチュア
ルは一種のサブカルチャーとして伝統宗教の仏教や神道に消費され
たところもある[21]。また、近年批判されがちな宗教に良さを見出すよ
うな捉え方もある。例えば、日本のスピリチュアル・ブームについ
て研究を積んできた島薗進は、仏教者が医療の現場に入り込み、ス
ピリチュアルケアを実践する運動について、社会はこれに「可能性
と希望を感じている」と語っている[22]。また、スピリチュアリティ
について勉強することによって「宗教の外にいると考えてきた人
に、そのことの意味を問い直してもらうきっかけを提供できれば幸
いだ」とも述べている[23]。また、樫尾直樹の著作の題名『スピリチュ
アリティ革命——現代霊性文化と開かれた宗教の可能性』（2010）に
あるように、宗教学者がスピリチュアルを肯定的に捉える本も少な
くない。

　以上のことから、「スピリチュアル」は単に学問的に曖昧なカテ
ゴリーとして欠陥があるだけでなく、その客観性においても問題が

19　Herman, "The Spiritual Illusion," 171.
20　Matthew Wood, "The Sociology of Spirituality: Reflections on a Problematic Endeavor," in *The New Blackwell Companion to The Sociology of Religion*, ed. Bryan S. Turner (West Sussex, UK: Wiley-Blackwell, 2010): 267-85; Craig Martin, *Capitalizing Religion: Ideology and the Opiate of the Bourgeoisie* (London: Bloomsbury, 2014), 62-63; Kerry A. Mitchell, "The Politics of Spirituality: Liberalizing the Definition of Religion," in *Secularism and Religion Making*, ed. Markus Dressler and Arvind-Pal S. Mandair (Oxford: Oxford University Press, 2011), 126.
21　安藤泰至「スピリチュアリティ概念再考——スピリチュアリティは霊的世界観を前提とするか？」『死生学年報』第4巻（2008年）12。
22　島薗進『現代宗教とスピリチュアリティ』（弘文堂、2012年）140。
23　前掲書、7。

ある。また、スピリチュアルはある特定できる定義を指す言葉で
はなく、宗教と非宗教の境界線を調整する力をもつ言葉であること
が見えてくる。究極的に考えれば、「スピリチュアル」とはある領
域を指すものではなく、その言葉を使っている人の立場を示す「修
辞文法」(rhetorical grammar) でもあるといえる[24]。英語圏において
は、この境界線を引く力は、今盛んとなっている "spiritual but not
religious" の表現の裏付けにもなっている。

　日本においても、「スピリチュアル」の言葉の定義は同様に、いや、
それ以上に曖昧である。そして、最終的にはスピリチュアルは宗教
との差別化をもたらす機能がある。無宗教の人があえて宗教に関心
はないがスピリチュアルに関心があるというときには、宗教への批
判、自分と宗教の間に距離を置くようなニュアンスがある。ただ、
欧米では spiritual という言葉は日本より宗教的なニュアンスが強い
傾向がある一方、日本ではスピリチュアルをカタカナにすることに
よって、「霊」の語源を隠すことができる。堀江が説明するように、
「スピリチュアル／スピリチュアリティというカタカナ語は、宗教
を危険視し、社会秩序を維持するために排除すべきと考える社会風
潮の中で、安心感を示すものとして機能している。したがって、『ス
ピリチュアル／スピリチュアリティ』という言葉を使い、世俗主義
に近い位置づけをすることで、人々が本来持っている宗教性を隠し、
維持することができるのである」[25]。

---

24 John Lardas Modern, *Secularism in Antebellum America: With Reference to Ghosts,
Protestant Subcultures, Machines, and Their Metaphors: Featuring Discussions of Mass
Media, Moby-Dick, Spirituality, Phrenology, Anthropology, Sing Sing State Penitentiary,
and Sex with the New Motive Power* (Chicago: University of Chicago Press, 2011), 123.

25 Norichika Horie, "Spirituality and the Spiritual: Translation and Transformation,"
Journal of Alternative Spiritualities and New Age Studies 5 (2009): 11; 堀江『ポップ・
スピリチュアリティ』26-28。

まとめ

　ここまで見てきたように、「スピリチュアル」とはただ定義が曖昧な言葉であるだけではなく、その曖昧さによって様々な場面において宗教的なものと非宗教的なものを区別する力を持つ言葉である。その力は言葉の意味（記号内容）からくるものではなく、その言葉の使い方（記号表現）からくる。その言葉の記号表現が"empty signifier"であるため、どのような場面においても、周りの考えを吸収できるのである。カタカナ題名の映画のポスターが醸し出す雰囲気のように、特定の内容を示さなくても、「スピリチュアル」はその言葉を使い、また受け取る人それぞれの思いに合わせることができる。そして、その様々な文脈によって、その使い手の考える記号内容が変化するのである。

　では、この「スピリチュアル」の言葉の力を知った上で、どのようにこの言葉を学問的に捉えたら良いのだろうか？まず大事なのは、研究者が「スピリチュアル」という言葉を当然視したり、知らず知らずのうちに賞賛していることに気をつけることである。例えば、ホスピスの現場で「スピリチュアル・ケア」や「スピリチュアル・ペイン」という言葉が語られる際（もちろんその言葉が指している意味と定義をある程度定める必要はあるが）、その概念を「宗教的ケア」や「宗教的ペイン」などというような概念と対比する作業は、学問的に混乱を招く危険性がある。つまり、「スピリチュアル」をそのまま、宗教的でも非宗教的でもない第3のカテゴリーとして捉えたり（ましてやそれを賛美したり）するのではなく、その言葉を使う人が考える自分と宗教との関係性を示している可能性も考慮しなければならない。

　さらに、「スピリチュアル」の曖昧さと浮動する機能を考える上で、より適切な言葉がないかを考えることもできる。例えば私の研究対象であるホスピスにおけるスピリチュアルケアでは「スピリチュアル」という用語がスピリチュアルケアの提供者の中で定着している

が、宗教心がない患者に対して実際に行っているケアを見ると、「心のケア」と呼べるものが大半となっている[26]。ホスピスの患者にスピリチュアルケアを提供する宗教者の中でも、「スピリチュアルケア」と「宗教的ケア」を区別することが難しいとの声が既にある[27]。また、アメリカでは、この「スピリチュアル」の曖昧さを考えた上で、研究のキーワードとして省くべきであるという声もある[28]。このように、もしかしたら「スピリチュアル」という言葉をもう少し批判的に捉え、違う言葉を利用して考えることによって、臨床で現れる患者の様々なニーズがもう少し鮮明に見えてくるかもしれない。

　しかし、スピリチュアルが浮動する言葉であったとしても、私はこれを完全に批判するつもりはない。これまで考えてきたように、学問的には問題がある言葉ではあるが、臨床では大いに役立っている。実際、いままで無視されてきた患者の宗教的または実存的なニーズがようやく医療の中でケアの対象になり、スピリチュアルケアを提供できるプロフェッショナルが病院で働けるようになっている。また、スピリチュアルが浮動する言葉であるとしても、よく考えてみると、その言葉は多くの日本人の宗教性の一面を表しているかもしれない。例えば、河合隼雄は『中空構造日本の深層』では日本神話を読み解きながら、日本人の宗教心の中心には「空」があって、あらゆる信仰や信念がその「空」を囲んでいると解説している[29]。もし、多くの日本人の宗教性には中心なるものがなく、時と場合によって拠り所をもとめるような「空」の構造をもっているとしたら、"empty signifier" としての「スピリチュアル」は、もしかしたら日本人の宗教性の曖昧さを文字通り表している言葉かもしれない。

26 Benedict, *Spiritual Ends,* 4.
27 深谷美枝・柴田実「スピリチュアルケアと援助者の宗教性についての実証的研究」『明治学院大学社会学部付属研究所研究所年報』第 42 巻（2012 年）43-57。
28 Harold G. Koenig, Dana E. King, and Verna Benner Carson, *Handbook of Religion and Health* (New York: Oxford University Press, 2013), 46-47.
29 河合隼雄『中空構造日本の深層』（中央公論新社、2015 年）。

謝辞

　本稿の校正に協力して下さった藤本亜希子に深くお礼を申し上げたい。

参考文献

安藤泰至「スピリチュアリティ概念再考――スピリチュアリティは霊的世界観を前提とするか？」『死生学年報』第 4 巻、2008 年、5-25。

江原啓之『自分のための「霊学」のすすめ――人間を磨き、霊性を磨く』ハート出版、1994 年。

―――『心霊バイブル』マガジンハウス、1995 年。

樫尾直樹『スピリチュアリティ革命――現代霊性文化と開かれた宗教の可能性』春秋社、2010 年。

柏木哲夫『死に行く患者の心に聞く』中山書店、1996 年。

河合隼雄『中空構造日本の深層』中央公論新社、2015 年。

島薗進『現代宗教とスピリチュアリティ』弘文堂、2012 年。

―――『スピリチュアリティの興隆――心霊性文化とその周辺』岩波書店、2007 年。

―――『精神世界のゆくえ――宗教、近代、霊　性〈スピリチュアリティ〉』秋山書店、2007 年。

鈴木大拙『鈴木大拙全集 8』岩波書店、1968 年。

西平直「スピリチュアリティ再考――ルビとしての「スピリチュアリティ」」安藤治・湯浅泰雄編『スピリチュアリティの心理学――心の時代の学問を求めて』せせらぎ出版、2007 年、71-90。

深谷美枝・柴田実「スピリチュアルケアと援助者の宗教性についての実証的研究」『明治学院大学社会学部付属研究所研究所年報』第 42 巻、2012 年、43-57。

堀江宗正『ポップ・スピリチュアリティ――メディア化された宗教性』岩波書店、2019 年。

山田雄一郎『外来語の社会学――隠語化するコミュニケーション』春風社、2005 年。

Ammerman, Nancy T. "Spiritual But Not Religious? Beyond Binary Choices in the Study of Religion." *Journal for the Scientific Study of Religion* 52, no.2 (2013): 258-78.

Bender, Courtney. *The New Metaphysicals: Spirituality and the American Religious Imagination.* Chicago: The University of Chicago Press, 2010.

Benedict, Timothy O. *Spiritual Ends: Religion and the Heart of Dying in Japan.* University of California Press, 2023.

Herman, Jonathan R. "The Spiritual Illusion: Constructive Steps Towards Rectification and Redescription." *Method and Theory in the Study of Religion* 26 (2014): 159-82.

Horie, Norichika. "Spirituality and the Spiritual: Translation and Transformation." *Journal of Alternative Spiritualities and New Age Studies* 5 (2009). Accessed August 31, 2013. http://www.asanas.org.uk/files/005Horie.pdf.

Koenig, Harold G. Dana E. King, and Verna Benner Carson. *Handbook of Religion and Health.* New York: Oxford University Press, 2012.

Martin, Craig. *Capitalizing Religion: Ideology and the Opiate of the Bourgeoisie.* London: Bloomsbury, 2014.

Mitchell, Kerry A. "The Politics of Spirituality: Liberalizing the Definition of Religion." In *Secularism and Religion Making*, edited by Markus Dressler and Arvind-Pal S. Mandair, 125-40. Oxford: Oxford University Press, 2011.

Modern, John Lardas. *Secularism in Antebellum America*: *With Reference to Ghosts, Protestant Subcultures, Machines, and Their Metaphors: Featuring Discussions of Mass Media, Moby-Dick, Spirituality, Phrenology, Anthropology, Sing Sing State Penitentiary, and Sex with the New Motive Power*. Chicago: University of Chicago Press, 2011.

Principe, Walter. "Toward Defining Spirituality." *Studies in Religion* 12, no. 2 (1983): 127-41.

Saunders, Cicely. "Spiritual Pain." *Contact* 122 (October 1991): 6–9.

Saussure, Ferdinand de. *Course in General Linguistics*. Translated and annotated by Roy Harris. London: Bloomsbury, 2013.

Schmidt, Leigh Eric. *Restless Souls: The Making of American Spirituality*. New

York: HarperSanFrancisco, 2005.

Wood, Matthew. "The Sociology of Spirituality: Reflections on a Problematic Endeavor." In *The New Blackwell Companion to The Sociology of Religion*, edited by Bryan S. Turner, 267-85. West Sussex, UK: Wiley-Blackwell, 2010.

World Health Organization. "Palliative Care." Accessed September 28, 2022. https://www.who.int/news-room/fact-sheets/detail/palliative-care.

162

【著者略歴】

打樋 啓史（うてび けいじ）
関西学院大学大学院神学研究科博士課程前期課程修了、同後期課程
単位取得退学、キングス・カレッジ・ロンドン大学院文学研究科神
学・宗教学専攻修士課程修了。
現　職　関西学院大学社会学部教授・宗教主事。
著訳書　『現代世界における霊性と倫理——宗教の根底にあるもの』
　　　　（共著、行路社）、『よくわかる宗教学』（共著、ミネルヴァ
　　　　書房）、『現代文化とキリスト教』（共著、キリスト新聞社）、
　　　　『和解と交わりをめざして——宗教改革 500 年を記念して』
　　　　（共著、日本キリスト教団出版局）、『心の垣根を越えて テ
　　　　ゼのブラザー・ロジェ——その生涯とビジョン』（監訳、
　　　　一麦出版社）他。

赤江 達也（あかえ たつや）
筑波大学第一学群人文学類卒業、筑波大学大学院博士課程社会科学
研究科修了。
現　職　関西学院大学社会学部教授。
著　書　『「紙上の教会」と日本近代——無教会キリスト教の歴史
　　　　社会学』（岩波書店）、『矢内原忠雄——戦争と知識人の使命』
　　　　（岩波新書）他。

梶原 直美（かじはら なおみ）
関西学院大学大学院神学研究科博士課程前期課程修了、同後期課程
単位取得退学、京都大学大学院人間・環境研究科修士課程修了。
現　職　関西学院大学教育学部教授・宗教主事。
著　書　『オリゲネスの祈禱論——「祈りについて」を中心に』（教
　　　　文館）、『悪の意味——キリスト教の視点から』（共著、新
　　　　教出版社）他。

赤江 雄一（あかえ ゆういち）
筑波大学第一学群人文学類卒業、筑波大学大学院修士課程地域研究
研究科修了、慶應義塾大学大学院文学研究科後期博士課程史学専攻
所定単位取得退学、リーズ大学大学院中世研究所修士課程および博
士課程修了。
現　職　慶應義塾大学文学部教授（西洋史学専攻）。
著訳書　*A Mendicant Sermon Collection from Composition to Reception:
The Novum opus dominicale of John Waldeby OESA* (Brepols)、
『中世ヨーロッパの伝統──テクストの生成と運動』（共編
著、慶應義塾大学出版会）、『中世のイギリス』（共訳、慶
應義塾大学出版会）、『オックスフォード ブリテン諸島の
歴史〈5〉14・15世紀』（ラルフ・グリフィス編、共訳、
慶應義塾大学出版会）他。

加納 和寛（かのう かずひろ）
同志社大学大学院神学研究科博士課程修了、ヴッパータール大学博
士課程留学。
現　職　関西学院大学神学部教授。
著訳書　『神がいるなら、なぜ悪があるのか』（単訳、関西学院大学
出版会）、『アドルフ・フォン・ハルナックにおける「信条」
と「教義」──近代ドイツ・プロテスタンティズムの一断面』
（単著、教文館）、『苦しみと悪を神学する──神義論入門』
（単訳、教文館）、『評伝アドルフ・フォン・ハルナック』（単
訳、関西学院大学出版会）他。

橋本 祐樹（はしもと ゆうき）
関西学院大学大学院神学研究科博士課程後期課程修了、ハイデルベ
ルク大学博士課程留学。
現　職　関西学院大学神学部准教授。

著訳書　『イースターへの旅路』（共著、キリスト新聞社）、『キリス
　　　　ト教神学命題集』（共著、教文館）、WCC『いのちに向かっ
　　　　て共に／教会』（共訳、キリスト新聞社）他。

ベネディクト・ティモシー（Timothy Benedict）
ハーバード大学大学院東アジア地域研究科修士課程修了、プリンス
トン大学大学院宗教学科博士課程修了。
現　　職　関西学院大学社会学部助教、関西学院宣教師。
著　　書　*Spiritual Ends: Religion and the Heart of Dying in Japan* (University of California Press, 2023)、"Death in Modern Japan (1800-2020)," in *The Routledge History of Death since 1800* (Routledge, 2021) 他。

装丁：長尾　優

ことばの力――キリスト教史・神学・スピリチュアリティ　　©RCC2023

2023年3月22日　第1版第1刷発行

編者　関西学院大学キリスト教と文化研究センター

発行所　株式会社キリスト新聞社
〒162-0814　東京都新宿区新小川町9-1
電話 03-5579-2432
URL. http://www.kirishin.com
E-Mail. support@kirishin.com
印刷所　光陽メディア

ISBN978-4-87395-814-9　C0080（日キ販）　　　　　　Printed in Japan